Je me souviens des Halles

Je me souviens des Halles

Josette Colin

Parigramme

A Marie-Louise et à Dominique, qui descendaient de Clamart pour faire leur marché aux Halles.

A Elsa, qui a suivi les traces de l'arrière-grand-mère et du grand-père en faisant ses premiers pas dans le jardin des Halles.

Couverture : Photo Henri Cartier-Bresson, © Magnum Photos

S O M M A I R E

Double page précédente :
“...Au ras du trottoir, il n’y avait encore de bien éveillé que les lanternes dansant au bout de bras invisibles... Mais ce qui le surprenait, c’était, aux deux bords de la rue, de gigantesques pavillons dont les toits superposés lui semblaient grandir, s’étendre, se perdre, au fond d’un poudroiement de lueurs.
(Émile Zola, *Le Ventre de Paris)*
(Coll. Celati)

Ci-contre :
“...Dans les grandes rues couvertes, la vie affluait. Le long des trottoirs, aux deux bords, des maraîchers étaient encore là, de petits cultivateurs, venus des environs de Paris, étalant sur des paniers leur récolte de la veille au soir, bottes de légumes, poignées de fruits.”
(Émile Zola, *Le Ventre de Paris)*
(© Roger-Viollet)

ENTREPOT FRIGORIFIQUE
ENTREPOT FRIGORIFIQUE

AVANT-PROPOS

Février 1969 : un événement cataclysmique s'abat sur Paris : les Halles déménagent et partent s'installer à Rungis.

Le cœur de la capitale cesse de battre, laissant sur le carreau des milliers d'orphelins.

Ce ventre de Paris, chanté par Zola et nourri depuis le Moyen Age par la France entière, se retrouve exsangue, on lui arrache les tripes.

Des experts se succéderont à son chevet, mettant plus de dix ans à panser ses plaies et à lui trouver une nouvelle vocation… le commerce !

Le Forum des Halles en devient le nouveau temple mais les jeans ont remplacé les navets.

Pourtant, trente ans plus tard, le promeneur attentif pourra traverser quelques îlots du quartier qui vivent encore au rythme des anciennes Halles. Disséminés autour du Forum, dans les rues Montmartre, Montorgueil, Saint-Honoré, Jean-Jacques-Rousseau, du Roule et des Prouvaires, il pourra voir des travailleurs s'ébrouer bien avant l'aube, relevant des rideaux de fer, sculptant des quartiers de viande, se coltinant des caisses de poissons ou faisant rouler des meules de gruyère.

Des restaurants du quartier pourront lui servir vingt-quatre heures sur vingt-quatre la tête de veau et les tripes à la mode des Halles.

Sur le coup de sept heures du matin, il lui sera encore possible d'aller trinquer avec quelques bouchers hilares, saucissonnés dans des tabliers maculés de sang, et il s'en trouvera toujours un pour lui parler avec lyrisme du métier de tripier à l'époque des Halles : un travail d'orfèvre !

Près de lui, un fringant septuagénaire, mis en voix par un ballon de rouge réparateur, évoquera le rude métier de porteur aux Halles….

Les Halles, lieu magique où l'argent coule à flot, comme le champagne qui ponctue les transactions.

Les Halles, lieu permissif où tous se croisent dans un anonymat tacite et convivial.

Les Halles où les prostituées arrivent toujours à se faire un petit coin de trottoir entre les cageots.

Les Halles, royaume du troc et de la combine, où les hirondelles chargées de faire la police se métamorphosent rapidement en pélicans, grâce aux pèlerines-garde-manger.

Les Halles, ville dans la ville encore aujourd'hui, puisqu'une Commune libre des Halles a été créée dans les années quatre-vingt pour renouer avec l'esprit de convivialité qui régnait dans le quartier.

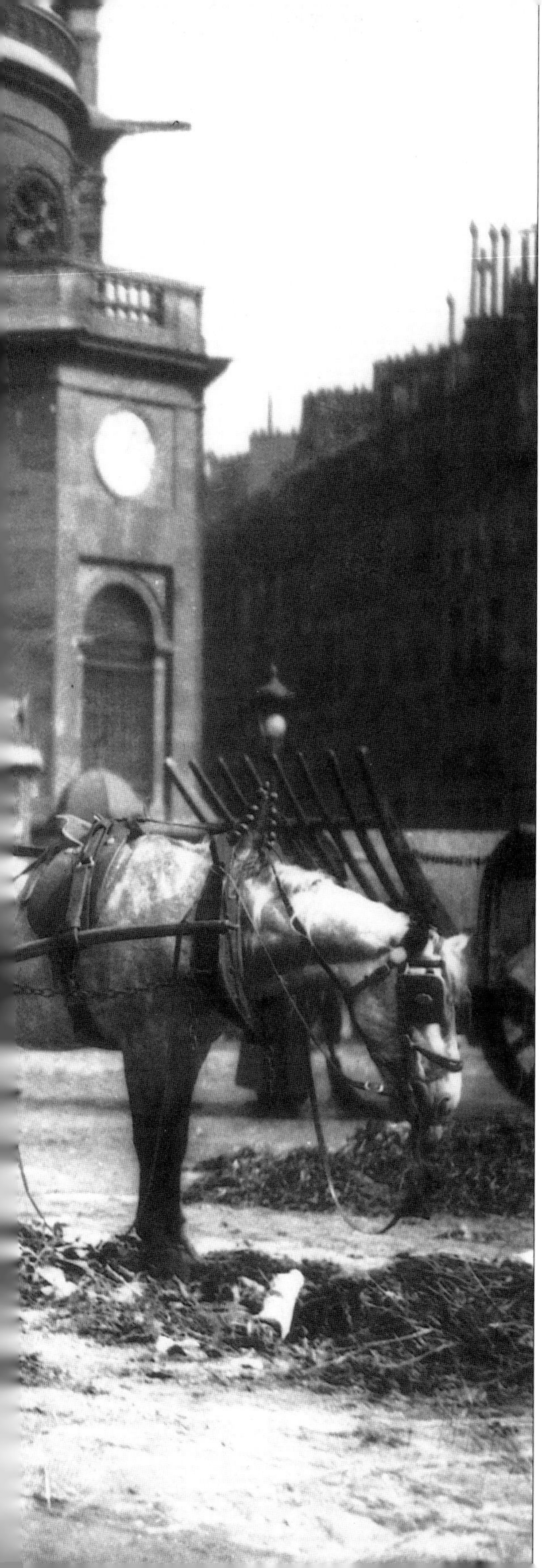

Créé par Louis VI le Gros dans l'actuel quartier des Halles, le premier marché "des Champeaux" développera son activité au fil des siècles et aboutira, conformément au désir de Napoléon III, à l'édification par Victor Baltard des nouvelles Halles.

En 1890, une dizaine de pavillons, superbes cathédrales de verre et de fer, se partagent la vente en gros des différentes denrées regroupées par spécialités : viande, volaille et gibier, B.O.F. (beurre-œuf-fromage), poisson et fruits de mer, légumes…

Sur le pourtour, des commerces se regroupent par secteurs, pour entrer en résonance avec l'activité de chaque pavillon : les rues Vauvilliers, Sauval, Montmartre ou Montorgueil, proches des pavillons de la viande, se consacreront à ce commerce ; la rue Berger, qui fait face au pavillon de la volaille, abritera des "volailleux" ; quant aux pavillons de la marée, ils feront des Halles le premier port de France, confortés en cela par les poissonneries des rues Pierre-Lescot, de la Grande-Truanderie, Mondétour et des Prêcheurs. Les légumes, eux, seront éparpillés sur tout le pourtour des Halles, sur le carreau… c'est-à-dire par terre !

Les Halles de Baltard couvrent un espace de deux hectares, mais la scène où se déroulent les événements qui vont suivre s'étend bien au-delà, jusqu'aux rues du Louvre, de Rivoli, du Renard et Étienne-Marcel.

Double page précédente :
"…Florent levait les yeux, regardait la haute voûte, dont les boiseries intérieures luisaient, entre les dentelles noires des charpentes de fonte. Quand il déboucha dans la grande rue du milieu, il songea à quelque ville étrange, avec ses quartiers distincts, ses faubourgs, ses villages, ses promenades et ses routes, ses places et ses carrefours, prise tout entière sous un hangar, un jour de pluie, par quelque caprice gigantesque."
(Émile Zola, *Le Ventre de Paris*)
(© Roger-Viollet)

Ci-contre :
"De Saint-Germain aux Halles, le cheval connaissait la route sur le bout des sabots."
(© Boyer-Viollet)

LE PLUS GRAND MARCHÉ DU MONDE

AH ! LE PETIT ARPAJONNAIS !

"C'était un spectacle réjouissant pour les yeux... l'irruption soudaine d'une bouffée de campagne au cœur de Paris !"

Quand Louise et Ernest Isoard, anciens du quartier, évoquent l'Arpajonnais, ils ont encore en mémoire les couleurs et les odeurs qui l'annoncent. L'Arpajonnais indique les saisons au citadin en imprégnant l'air de ses parfums maraîchers. « Ah ! la saison des fraises, quelle merveille ! » Venant, comme son nom l'indique, d'Arpajon, il transporte vers les Halles tous les produits de cette région maraîchère renommée pour ses haricots, ainsi que ceux des localités voisines comme Montlhéry ou Marcoussis.

Mis en service en 1893, l'Arpajonnais longe la nationale jusqu'à la porte d'Orléans puis emprunte les rails du tramway de la ligne Porte d'Orléans-Gare de l'Est : Alésia, Denfert-Rochereau, Port-Royal, Châtelet, les Halles...

Pour Lucienne Fabre, vendeuse rue des Halles dans les années trente, l'Arpajonnais est responsable de bien des embarras : « Quand il traversait la rue des Halles, plus rien ne pouvait passer, c'était très gênant. Il fallait attendre que les Forts déchargent la marchandise et la déposent sur le carreau. Après, on pouvait recommencer à travailler. » Pourtant, malgré quelques inconvénients, la plupart des travailleurs des Halles évoquent avec tendresse leur « petit Arpajonnais », dont l'exploitation a cessé en 1936.

Page de gauche :
Pendant plus de quarante ans (1893-1936), l'Arpajonnais a apporté légumes et fruits au cœur des Halles.
(Photo Seeberger, © CNMHS)

A CHEVAL EN DORMANT

Au début du siècle, on pouvait voir des chevaux acheminer aux Halles des marchandises provenant le plus souvent de la région parisienne : Paul Loisel avait des parents originaires de Viarmes, localité réputée pour la qualité de ses navets : « Ils faisaient les trente kilomètres qui les séparaient de Paris en charrette pour apporter leurs navets, après quoi, ils repartaient chez eux avec des fromages achetés à la fin du marché. »

"Tout le long de la rue du Pont-Neuf, on déchargeait, les tombereaux acculés aux ruisseaux, les chevaux immobiles et serrés, rangés comme dans une foire." (Émile Zola, *Le Ventre de Paris)* *(© Keystone)*

Le transport à cheval semble à tous égards moins stressant que celui effectué plus tard en camion. Jacques Pierre est encore émerveillé par ce maraîcher de l'ouest de Paris qui « traversait la forêt de Saint-Germain en dormant tranquillement, car le cheval connaissait la route sur le bout des sabots ! Arrivé rue Étienne-Marcel dans la soirée, il confiait l'animal à une "gardeuse" prénommée Marie. Le maraîcher rejoignait ses camarades au café du coin où il avait le temps de boire un coup et de se restaurer en attendant l'heure où il pourrait prendre sa place sur le carreau. »

CHACUN SON TOUR...

Toutes les nuits, des milliers de tonnes de marchandises venues de province et de région parisienne déferlent sur Paris en transitant par les Halles. Malgré l'impression d'anarchie qu'offre le spectacle du plus grand marché de France, il règne dans les coulisses de l'administration une organisation très stricte que Christian Dubois, boucher aux Halles, connaît bien : « Au cours de la nuit, les arrivages étaient orchestrés selon un ordre bien établi : d'abord les légumes à partir de vingt et une heures, puis le poisson, la viande, la volaille, les B.O.F. (beurre-œuf-fromage)... »

Les accès aux Halles se font par secteurs d'activité : le poisson arrive par le boulevard de Sébastopol, la viande par la rue du Louvre, la volaille par la rue du Pont-Neuf, les légumes, eux, arrivent d'un peu partout puisqu'ils sont dispersés dans tous les secteurs des Halles : parvis de Saint-Eustache, rues des Halles, de Rivoli, du Pont-Neuf, Saint-Honoré, Berger, Baltard, Rambuteau, du Louvre, square des Innocents...

CHACUN SA PLACE...

Ce sont sans aucun doute les fruits et les légumes qui donnent aux Halles leur caractère pittoresque. Ils sont partout : sous les pavillons, dans les magasins du pourtour et surtout sur le carreau, c'est-à-dire sur le trottoir !

Sous les pavillons, il s'agit surtout du « dessus du panier », des fruits et légumes de qualité supérieure que des expéditeurs de province confient aux mandataires. Ceux-ci se chargeront de les vendre au meilleur prix et percevront une commission.

Dans les magasins du « périmètre » se trouvent des commissionnaires spécialisés dans une certaine catégorie de légumes ou de fruits, comme les voisins de René Brun, patron de *La Fauvette*, rue Saint-Honoré : « L'un ne vendait que des pommes de terre, l'autre avait choisi le créneau des salades, le troisième les agrumes, et deux autres axaient leurs ventes sur les fraises du Périgord ou sur le raisin chasselas quand c'était la saison. »

Sur le carreau aussi, des tendances permettent de dessiner une géographie maraîchère : Lucienne Fabre, qui vend surtout des choux-fleurs et des artichauts bretons, est installée rue des Halles ; ceux qui sont en liaison avec les expéditeurs du Midi sont plutôt rue Berger ; quant aux cultivateurs de la région parisienne, ils sont installés rue Baltard.

Un secteur particulier, surnommé « le carré des merdeux », se situe à droite de Saint-Eustache et regroupe quelques marchands qui s'installent un peu plus tard et vendent des légumes dont la couleur laisse deviner qu'ils ont été cultivés dans les champs d'épandage de la région parisienne. Hélène Rémy, consommatrice avisée, apprend vite à les distinguer des superbes poireaux de Saint-Germain : « Ces derniers étaient bien blancs alors que les autres étaient jaunasses et dégageaient une odeur peu ragoûtante quand on les faisait cuire. Quelques petites gens s'en contentaient, à cause de leur prix modique. »

Sur le carreau, choux-fleurs et champignons se disputent les faveurs des acheteurs. ***(A gauche, © Keystone ; à droite, coll. Celati)***

"... Et il retrouvait Paris, gras,
superbe, débordant de nourriture,
au fond des ténèbres ; il y rentrait,
sur un lit de légumes ; il y roulait,
dans un inconnu de mangeailles,
qu'il sentait pulluler autour de lui
et qui l'inquiétait.
(Émile Zola, *Le Ventre de Paris*)
(Photo Robert Doisneau/© Rapho)

CAMIONNEUR CHERCHE POISSON-PILOTE

Dès vingt heures, les camions stationnent rue du Louvre, rue de Rivoli ou boulevard de Sébastopol. C'est l'occasion rêvée pour les petits débrouillards comme Jean Chèze de trouver un job pour la soirée : « Dans les années soixante, on aidait les camionneurs à décharger la marchandise devant les resserres ; s'il n'y avait personne, on laissait tout devant la porte, avec le bon de commande. Quand le transporteur n'avait qu'un seul client, il terminait tôt mais s'il en avait plusieurs, c'était la galère ! »

Face à cet enchevêtrement de voitures, de camions, de diables, qui bouchent toutes les issues pendant les livraisons, il vaut mieux être doté d'un grand sens de l'orientation… ou faire appel à un « poisson-pilote ».

Christian Dubois se souvient de ces poissons-pilotes, « demi-clodos qui connaissaient le quartier comme leur poche et qui guidaient les camionneurs désorientés : “Qu'est-ce que t'as dans ton camion ? Chez qui tu dois livrer ?” Pendant que le camionneur déchargeait la marchandise chez le premier client, le poisson-pilote partait “à la reniflette” plus loin, pour voir quel était le meilleur itinéraire pour aller chez le client suivant. Après un rapide état des lieux, il revenait en conseillant parfois d'effectuer la livraison avec un diable plutôt que de perdre deux heures dans un camion. »

Page de droite :
“Qu'est-ce que t'as dans ton camion ?” “Chez qui tu dois livrer ?”… “le poisson-pilote” guidait les livreurs, leur faisant gagner un temps précieux.
(Photo François Kollar, © Ministère de la Culture, France)

Ci-dessous :
“Les chauffeurs nous demandaient parfois de vider leurs camions. Pendant ce temps-là, ils pouvaient aller se reposer avant de partir.”
(A gauche, coll. Celati ; à droite, © Keystone)

F. FERNANDEZ
TRANSPORTS
L'AUTO-TRAFIC

MISE EN SCÈNE SUR LE CARREAU

Les asperges d'Argenteuil, les navets de Viarmes, les pêches de Montreuil, les haricots d'Arpajon, les salades de Montesson, les cerises de Montlhéry, les choux de Viroflay, les petits pois de Carrière-sous-Poissy, les tomates de Marmande, les fraises du Périgord… L'arrivée des légumes et des fruits est une manne multicolore et parfumée qui s'abat sur les Halles en se logeant dans le moindre de leurs interstices.

La nuit, les pyramides de choux-fleurs offraient un spectacle quasi-surréaliste. *(Coll. Celati)*

Des Forts marqueurs traçent à la craie les emplacements pour délimiter la surface de vente de chacun. Le prix est calculé en fonction du métrage et de l'emplacement alloué. Le moindre mètre carré est précieux mais il faut tout de même réserver un petit passage devant les portes cochères pour accéder aux immeubles d'habitation.

Les vitrines des magasins disparaissent derrière des montagnes de marchandises. Une voiture malencontreusement laissée dans un espace dévolu aux légumes par un visiteur non averti est transformée en citrouille géante ou disparaît sous une avalanche de tomates et de choux, au grand dam de son propriétaire qui ne la verra réapparaître qu'au petit matin.

Les cafetiers louent ou prêtent volontiers leurs terrasses aux vendeurs de légumes. *La Pointe Saint-Eustache* cède la sienne aux parents de Robert Maurice : « Ils étalaient la marchandise par terre, devant le café, donc ils payaient un loyer aux propriétaires du café pour la portion de terrasse qu'ils occupaient et ils payaient également une taxe au placier, pour le bout de trottoir utilisé. »

Rapidement, la marchandise est disposée sur le carreau par les *tasseurs*, véritables metteurs en scène du spectacle offert chaque jour à la clientèle : murs de pommes de terre, remparts de caisses de tomates, montagnes de salades…

Marcelle Grandjean, vendeuse sur le carreau dans les années cinquante, se souvient de leur virtuosité époustouflante : « Ils faisaient des pyramides de choux-fleurs de deux mètres de haut, c'était magnifique ! A nous ensuite, les vendeurs, de nous servir au fur et à mesure sans que tout s'écroule… »

Josiane Boughrab se souvient de certains commis, « artistes de la fauche » : « Quand ils mettaient en place les cageots de tomates en forme de paniers triangulaires, ils les ouvraient. Les tomates étant placées dans des alvéoles, sur quatre ou cinq rangées, ils les retournaient, enlevaient la dernière rangée qu'ils se mettaient de côté et ils refermaient le panier. L'acheteur se retrouvait avec une rangée de moins mais le patron, qui était au courant de ces pratiques, lui offrait toujours un ou deux cageots supplémentaires, donc tout le monde s'y retrouvait. »

Au rayon des légumes, cette fauche rituelle s'appelle le *lazor*. Il vient compenser en douceur les salaires qui ne sont pas très élevés.

Au milieu de ce spectacle flamboyant, le cresson fait modestement le bonheur des esthètes comme Gérard Connan, acheteur aux Halles : « Le cresson était rangé en couronnes à l'intérieur d'un panier en osier, haut et rond, qui laissait passer l'air au centre. C'était aussi beau qu'une corbeille de fleurs, il fallait qu'il soit vendu rapidement car c'était une marchandise très fragile. »

"Les vitrines des magasins disparaissaient derrière des montagnes de marchandises. Quand on entrait dans un magasin ou un café, on disait je rentre aux tomates, je rentre aux choux-fleurs."
(A gauche, coll. Celati ; à droite, © Keystone)

QUE LA VENTE COMMENCE...

Quand Marcelle et René Grandjean, vendeurs sur le carreau, arrivent vers minuit de la banlieue sud pour travailler sur le parvis Saint-Eustache, ils passent par la rue du Pont-Neuf : « Ainsi, en traversant les Halles, nous pouvions voir les quantités de marchandise. S'il y en avait beaucoup, on savait qu'il ne faudrait pas être durs, mais si on voyait, comme les jours de gelée, qu'il y en avait peu, alors là, on était sûrs de gagner notre vie. »

Vers une heure du matin, tout est en place, commis et tasseurs ont fini leur travail, la vente peut commencer.

"… Les revendeuses, les marchandes des quatre-saisons, les fruitiers, achetaient et se hâtaient. Il y avait des caporaux et des bandes de religieuses autour des montagnes de choux, tandis que les cuisiniers de collèges flairaient, cherchant les bonnes aubaines." (Émile Zola, *Le Ventre de Paris*) *(Coll. Celati)*

La cohorte des acheteurs s'ébranle vers les multiples points de vente. Ils arrivent principalement de Paris et de la région parisienne mais aussi de province, voire de l'étranger. Ils se livrent bientôt à un savant ballet, fait de chassés-croisés entre les cageots, d'allées et venues entre les vendeurs, le pas tour à tour hésitant et précipité.

Paul Tary pratique ce petit rituel auquel doit sacrifier tout acheteur sérieux : « On faisait le tour des commerçants mais on revenait souvent au même ; c'étaient d'ailleurs eux qui nous encourageaient à comparer quand on leur disait que leur marchandise était trop chère. Non seulement ils ne nous en voulaient pas mais en plus ils trouvaient ça normal. Ils se méfiaient des gens qui achetaient trop vite, n'importe quoi à n'importe quel prix, car ils savaient que ça ne durerait pas. »

L'été est une période délicate pour la vente des produits maraîchers, d'autant qu'à l'époque, légumes et fruits ne sont cueillis qu'à maturité. De temps en temps, Christian Dubois a le blues de la bonne-fraise-bien-mûre : « Quand les premières arrivaient aux Halles en juin, ça sentait la fraise à plein nez. Mais quand les soirées étaient orageuses, la marchandise tournait à vue d'œil, les haricots fumaient sous le coup de la fermentation et le vendeur savait que, même à bas prix, il n'aurait aucune chance de caser sa marchandise ! »

L'hiver, il faut soigner le conditionnement des fruits et des légumes, fragilisés par le gel. Quand les températures sont très basses, les légumes arrivent enveloppés dans plusieurs épaisseurs de journaux.

LES CERISES DE MONSIEUR TRENET

Lorsqu'en hiver, un acheteur est à la recherche d'épinards de la Côte d'Azur ou du Roussillon, il fait une incursion sous les pavillons où les mandataires disposent de postes de dimensions variables.

Dans le pavillon n° 6, dont une partie est dévolue à la vente au détail, la case de Charlotte Alousque fait une vingtaine de mètres carrés. Elle y vend les produits que son frère lui expédie de Barbentane : asperges, pêches, épinards, etc. Pendant longtemps, elle est la seule à vendre des ananas qu'elle fait venir du Cameroun. Ses clients sont surtout de grands restaurants comme *La Tour d'Argent*.

Dans la nuit du samedi au dimanche, Claude Tillaux vient souvent remplacer le *basculeur* : « Tous les colis étaient pesés avant de partir chez les clients. C'était un travail délicat car il se faisait alors sur des balances à curseur. En général, chaque maison avait un commis affecté à cette tâche, car avec l'habitude, il jaugeait la marchandise d'un seul coup d'œil et plaçait tout de suite le bon poids sur le curseur, ce qui était un gain de temps appréciable pour le magasin. »

A quelques pas de là, sous l'église Saint-Eustache, se trouve un marchand de fruits de luxe : *Varraz*. La tante de Robert Maurice dirige le magasin : « Les pêches étaient délicatement posées sur du coton et l'on pouvait trouver des fruits d'importation en plein hiver. Charles Trenet, qui vivait en banlieue, avait acheté des cerises au mois de décembre et les avait fait suspendre dans son cerisier. A l'aide de projecteurs qui éclairaient l'arbre, ses invités ont pu faire la cueillette des cerises à Noël ! »

L'hiver, chacun y allait de sa recette : sabots aux pieds, chaufferettes sous les jupes ou braseros alimentés à l'aide des cageots. ***(© Keystone)***

CHAUFFERETTES, SABOTS ET BRASEROS

Les vendeurs forains, terme administratif pour désigner les vendeurs du carreau, gagnent rudement leur vie, car en plus des horaires contraignants, les conditions de travail sont spartiates. Marcelle et René Grandjean sont installés devant Saint-Eustache : « On était exposés à tous les vents puisque la place était traversée par neuf rues. Quand la neige ou la pluie tombaient, nous étions complètement trempés, nos tabliers mouillés dégoulinaient dans nos bottes et nous restions comme ça jusqu'à dix heures du matin. Le plus étonnant, c'est que nous n'étions jamais malades ! » Quelques commerçants comme René Alousque s'installent sous des barnums, grands parapluies qui les protègent des intempéries, d'autres dressent des bâches de fortune… chacun y va de sa recette personnelle pour résister au froid.

Au début du siècle, les caissières placent des chaufferettes sous leurs jupes longues. Lucienne Fabre, elle, possède une petite bouillotte remplie d'eau qu'elle place dans ses poches. L'utilisation de journaux sur la poitrine est une méthode très employée car elle garantit une bonne isolation et vient compléter efficacement l'usage de la paire de sabots.

Sous les pavillons, les caissières ont droit à un traitement de faveur. Comme elles ne peuvent pas se déplacer, des garçons de cafés comme *Le Bon Pêcheur* ou *Le Père Tranquille* leur apportent du café chaud et du viandox.

Sous les pavillons, des garçons de café apportaient aux caissiers des boissons chaudes. *(Photo M.-J. Dain, © Rapho)*

LE MARCHÉ AU 421

Si les transactions finissent toujours par aboutir, la stratégie diffère d'un client à l'autre. Lucienne Fabre, qui travaille à la commission, est en liaison avec des expéditeurs qui lui envoient sur Paris de la marchandise achetée à des agriculteurs. Ses expéditeurs lui fixent un prix de départ qu'elle s'efforce de respecter, tout en évitant « d'avoir de la resserre », car les denrées invendues et mises en resserre s'abîment vite et engendrent des frais supplémentaires.

« Certains clients profitaient de ça pour venir acheter à la dernière minute car ils savaient que l'on baissait les prix pour éviter la resserre. Certains partaient même avec la marchandise en promettant de payer le lendemain et on ne les revoyait jamais. Ils avaient alors intérêt à changer de secteur car leur publicité était vite faite ! Parfois, quand on était en tractation avec un client, on voyait surgir un autre vendeur qui passait par là et lui proposait d'aller boire un coup. C'était une façon subtile d'embarquer le client. »

Aux Halles, le café est en effet le lieu privilégié des transactions. A *La Fauvette*, René Brun est souvent témoin de discussions animées : « Quand les affaires ne

marchaient pas bien, le vendeur attirait le client au café en lui disant : “Tiens, il me reste tant de colis de tomates, je te les laisse à tel prix.” L’autre lui demandait illico un rabais de vingt centimes et l’affaire était conclue. Parfois c’était l’acheteur qui voulait faire baisser le prix et qui attirait le mandataire ou le vendeur au café en lui demandant : “Alors, tu me le fais, ce rabais de cinq centimes ?” »

Chez Clovis, le sport favori de ces protagonistes est le 421 et ils jouent les rabais aux dés. Françoise Cornut se rappelle ces parties effrénées dont l’issue détermine qui, du vendeur ou de l’acheteur, sortira gagnant.

“Tu me le fais, ce rabais de 5 centimes ? – Alors, on le joue au 421 !” ***(Photo Denise Colomb, © Ministère de la Culture, France)***

L'ENFER DE LA BANANE

Alors que vendeurs et commis s'activent dans les rues des Halles, les sous-sols sont tout aussi animés. Les vieilles caves du quartier sont belles et spacieuses et des esprits industrieux n'ont pas manqué d'en transformer bon nombre en mûrisseries de bananes. Celles-ci s'étendent de la rue Montorgueil à la rue du Louvre en passant par le boulevard de Sébastopol, les rues Française, Berger, Saint-Denis, des Prouvaires, des Bourdonnais…

De nombreuses mûrisseries de bananes étaient installées dans les caves du quartier.
(Photo Denise Colomb, © Ministère de la Culture, France)

Renée Beltran est issue d'une famille de mûrisseurs espagnols : « Mon père est arrivé en France en 1916 pour aller fabriquer des bombes dans une usine de La Courneuve et à la fin de la guerre, il est venu s'installer aux Halles. A l'époque, il ne pouvait ouvrir une mûrisserie que s'il avait un enfant de nationalité française. J'ai donc été naturalisée à l'âge de trois mois et toute la famille s'est lancée dans la banane : les sept frères de mon père et aussi les sept frères de ma mère ! Moi, j'ai eu ma première mûrisserie rue Saint-Honoré, à l'âge de dix-huit ans et j'ai été la première femme à monter à quai pour acheter des bananes à Dieppe et à Rouen. Quand elles arrivaient aux Halles, les bananes étaient déchargées sur le trottoir puis passées par un trou qui menait à trois sous-sols d'environ cent cinquante mètres carrés. Elles étaient mises dans la chaux, après quoi nous allumions le gaz de ville. Il fallait descendre dans la cave quatre ou cinq fois par jour pour surveiller les opérations, car lorsque la banane était mûre et qu'elle produisait elle-même du gaz éthylène, la flamme s'éteignait et le gaz de ville continuait à sortir. Ensuite nous passions la nuit dans les caves, de minuit à neuf heures du matin, puisque la vente se faisait sur place. A travailler dans cette ambiance d'oxyde de carbone, on manquait d'oxygène et il fallait monter toutes les demi-heures pour respirer. C'était un métier très dur que les Français ne voulaient pas faire. D'ailleurs, les mûrisseries étaient pratiquement toutes tenues par des Espagnols. »

LES HALLES, PREMIER PORT DE FRANCE

Boulogne, Lorient, Concarneau, La Rochelle… la production des grands ports de pêche français converge vers Paris. Au début du siècle, de solides chevaux, les Boulonnais, amènent le poisson aux Halles dans un état de fraîcheur remarquable. Quelques décennies plus tard, quand la famille de Claude Mahleu arrive de Saint-Malo pour s'installer à Paris, les chemins de fer ont pris le relais des chevaux et le poisson qui vient de Boulogne-sur-Mer arrive en vrac à la gare de la Chapelle où il est mis en caisse avant d'arriver aux Halles. D'autres mareyeurs préfèrent affréter des camions. Le déchargement se fait entre minuit et deux heures du matin et la vente commence « à la cloche », vers six heures du matin, du moins officiellement.

Pierre Manuelli, qui est acheteur à la fin des années cinquante, sait comme tout le monde que, s'il veut de la marchandise de qualité, il lui faut contrevenir au règlement et acheter avant la cloche : « On arrivait toujours deux heures avant mais les inspecteurs nous avaient à l'œil, certains étaient postés au premier étage pour surveiller plus facilement les opérations. Ceux qui étaient surpris à acheter avant la cloche avaient une amende. On était tous derrière les grilles et on appelait les vendeurs. On leur demandait de nous réserver certaines caisses. Ce qui était retenu l'était définitivement, personne ne revenait sur sa parole. »

Les caisses empilées sur le sol ruissellent de poissons : congres, soles, saumons, bars, turbots, maquereaux, cabillauds, colins… certains frétillent encore et s'échappent parfois de leurs caisses. Les vendeurs s'agitent et font crisser leurs bottes sur le sol jonché de glace, pendant que les mandataires observent la marchandise avec attention ; ils doivent défendre au mieux les intérêts des mareyeurs qui leur envoient la marchandise, mais le poisson étant une denrée très périssable qu'il faut vendre vite, ils ne peuvent pas toujours tenir les prix fixés par les mareyeurs. Des inspecteurs vérifient la qualité des produits avant la vente et mettent hors circuit la marchandise impropre à la consommation.

"Si on voulait de la marchandise de qualité, on savait qu'il fallait acheter avant la cloche". *(© Keystone)*

Michel Huillo, fils de poissonnier, garde des années cinquante-soixante le souvenir d'une époque particulièrement faste : « Il y avait abondance de poisson, car la pêche n'était pas aussi réglementée qu'aujourd'hui. La marchandise arrivait très fraîche aux Halles : soles, carrelets et limandes étaient sortis de l'eau depuis moins de quarante-huit heures et bougeaient encore quand on ouvrait les caisses. Un jour, j'ai vendu à une cliente des poissons encore vivants qu'elle a laissés dans sa baignoire pendant deux jours car elle n'osait pas les tuer ! »

Après quelques tractations véhémentes teintées de fausse colère, la marchandise ayant trouvé acquéreur est poussée hors du poste du mandataire, pour être emportée par le Fort aux poissons, en direction d'une gardeuse désignée par l'acheteur.

Des magasins situés autour des Halles font le commerce de poisson en gros et demi-gros, rue de la Cossonnerie, rue des Prêcheurs, rue de la Grande-Truanderie ou rue Pierre-Lescot. Dans les années soixante, Madeleine Large est caissière chez *Demarne* :

« C'était un énorme magasin qui ouvrait à quatre heures du matin. Nous étions six caissières et une dizaine de vendeurs ; chacun avait sa spécialité : crevettes, salaisons, fruits de mer… Dans les rues voisines, on trouvait aussi des viviers pour poissons d'eau douce. Certains comme *Guéroult* étaient spécialisés dans la truite, d'autres faisaient également la carpe et l'anguille ; tous assuraient la livraison de poissons vivants chez les détaillants de la région parisienne. »

La halle au poisson.
Les acheteurs se pressaient pour acheter une marchandise encore frétillante.
(© Keystone)

Rue des Prêcheurs, la maison *Normand* est un ancien magasin de salaisons qui se tourne vers la poissonnerie en 1931. Peu à peu, sous l'impulsion de Marcel et Henriette Normand, l'établissement fait des expéditions dans toute la France : « Un restaurateur de l'île de Porquerolles faisait sa fameuse bouillabaisse avec notre poisson et quand il passait sa commande, il précisait toujours "Surtout ne déconne pas, ne laisse pas l'étiquette avec ton adresse !" Nous fournissions aussi le cirque Amar. Il lui arrivait de nous commander du poisson alors qu'il était en tournée… à La Rochelle ! »

CES MESSIEURS DES B.O.F.

« L'ambiance aux B.O.F. était beaucoup plus guindée qu'ailleurs ! » Henri Cotterlaz, ancien Fort des Halles, en garde un souvenir amer : « Au poisson, on faisait partie de la famille, tout le monde nous tutoyait, alors qu'aux B.O.F., ils nous considéraient de haut et gardaient leurs distances. »

Deux pavillons des Halles sont dévolus à la vente des B.O.F. (beurre-œuf-fromage). Quelques mandataires se partagent le marché, dont la maison *Baudoin* qui occupe une bonne moitié de pavillon.

Le beurre est regroupé dans un secteur du pavillon 10. Ici et là, des clients font des sondages et mâchouillent des échantillons pour en tester la qualité. Les œufs occupent le reste du pavillon, le fromage se trouve dans un second pavillon.

Henri Cotterlaz y débute comme souchier en 1922. A l'aide de son carnet à souches, il note les transactions effectuées chez deux mandataires associés, Salomon et Wertheimer, spécialisés dans le brie et le coulommiers : « A la fin du marché, quand il restait du brie légèrement avancé, ils le vendaient aux enchères. »

Quant au gruyère, le choix d'une meule se fait selon une technique très au point, expérimentée moult fois par Jean Picault, commerçant rue Rambuteau : « On plantait une sonde jusqu'aux deux tiers de l'épaisseur puis, après avoir prélevé un petit morceau, on replaçait le reste avec la sonde et on rebouchait le trou avec une espèce de cire. On pouvait aussi sonder la meule à l'oreille, en faisant vibrer un té sur sa paroi. Selon le son produit, on savait si la meule était caverneuse ou pas. »

Dans les sous-sols des pavillons, ainsi que dans ceux des magasins B.O.F. du pourtour, des employés sont chargés de vérifier la fraîcheur des œufs : ce sont les *mireurs*. Au début du siècle, ils examinent encore les œufs à la lueur d'une bougie, qui sera remplacée plus tard par une mireuse à lampe de poche. Un bon mi-

Le travail d'affinage se faisait dans les sous-sols des pavillons et dans les belles caves du quartier. ***(© Keystone)***

reur arrive à contrôler un *cercueil*, c'est-à-dire une caisse de mille quatre cent quarante œufs, en un temps record. Ayant une grande habitude de l'exercice, il arrive à prendre trois œufs dans la main en les faisant glisser tour à tour devant la lampe avec dextérité.

En plus des deux pavillons dévolus à la vente en gros des B.O.F., de nombreux magasins se consacrent à ce commerce. Installés principalement dans les rues des Innocents, du Cygne, Saint-Denis, Berger, de la Cossonnerie, Mondétour, Rambuteau ou Montorgueil, ils vendent surtout en gros et demi-gros.

La journée de Jean Picault, commerçant rue Rambuteau, commence vers quatre heures du matin. Il achète une partie des fromages directement à des producteurs de province et le reste sous les pavillons, à l'état brut, c'est-à-dire non affiné. Le travail d'affinage se fait dans de superbes caves de la rue Rambuteau : « Nous avions deux étages de caves et un puits de trente mètres où, grâce à une turbine, il était possible de puiser de l'eau qui venait de la Grange Batelière. »

Le commerce du fromage est délicat. Ainsi, les bries sur paille sont retournés tous les après-midi dans les caves mais, dès qu'il est monté au magasin, le fromage devient plus vulnérable et évolue selon l'hygrométrie ambiante : « Si le temps était humide, les bleus et les roqueforts "pissaient" et il fallait se dépêcher de les vendre. Si on les mettait au frigo, ils s'asséchaient, perdaient du poids et nous de l'argent. Certains clients, très attentifs à tout ça, lançaient une œillade entendue en direction du fromage en péril et ne manquaient pas de me dire : "Dis donc, t'as vu ton fromage ? il faut que tu te dépêches de me le vendre !" »

Malgré une apparente prospérité, les B.O.F. brassent moins d'argent que les bouchers et les deux corporations ne se fréquentent pas beaucoup. Jean Picault fait exception : « J'avais des copains dans la boucherie et je faisais des incursions rue Vauvilliers ; je troquais d'ailleurs ma blouse marron clair de B.O.F. pour une blouse noire de boucher. Les bouchers avaient tendance à considérer ces messieurs des B.O.F. comme des "miches cousues". C'est vrai qu'on était un peu plus coincés qu'eux, peut-être à cause d'une vague jalousie liée aux différences de revenus. »

LE PLUS GRAND MARCHÉ DE LA VIANDE

Le marché de la viande aux Halles concerne surtout le boucher parisien, alors que celui de la Villette intéresse davantage le nord et l'extérieur de Paris. Le secteur de la viande se trouve entre la Bourse du Commerce et la rue du Pont-Neuf. Face à Saint-Eustache, du côté *Pied de Cochon*, deux pavillons sont consacrés à la boucherie ; de l'autre côté, face à la rue Berger, on trouve le pavillon de la volaille et celui de la triperie.

Des acheteurs font leur choix, en plaçant une étiquette sur le collier des bêtes qui les intéressent. ***(© Keystone)***

Du côté du pavillon de la viande en gros, la vente commence vers dix heures. Là comme ailleurs, beaucoup d'affaires sont conclues avant la cloche ; certains clients qui se servent toujours dans la même maison passent leurs commandes par téléphone et viennent régler leurs factures à l'heure de la vente. Dans les travées du pavillon, des milliers de bêtes suspendues à des crochets attendent les acquéreurs. Beaucoup de bouchers ont une spécialité, certains vendent uniquement du bœuf, d'autres du mouton…

Dans la boucherie, plus encore que dans les autres secteurs des Halles et sans doute à cause des sommes considérables qui sont en jeu, le sens de l'honneur est important. On peut s'engager à acheter pour un million de francs de viande en se tapant dans la main. Le bouche à oreille fonctionne bien et les rigolos sont vite repérés.

Christian Dubois, boucher rue Saint-Honoré, se lance régulièrement dans l'arène et connaît la musique : « L'acheteur se trouvait dans une travée et faisait son choix parmi une centaine de moutons. Sur les bêtes sélectionnées, il prenait l'étiquette qui se trouvait en haut de la cuisse et il la mettait sur le collier, après quoi il s'adressait au vendeur : “Voilà, je te les ai baissées, combien tu me les fais ?” C'est alors que commençait la transaction :

– 22 francs ? c'est trop cher, je t'en propose 20.

– Si ça va pas, je relève !

S'ils n'arrivaient pas à se mettre d'accord, il relevait les étiquettes, ça faisait partie du cinéma. »

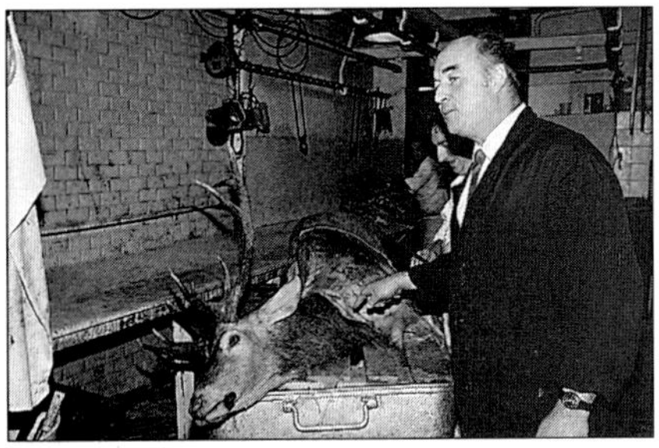

Christian Dubois ou l'itinéraire modèle d'un boucher limousin qui devient patron de la Boucherie Première. ***(Coll. part.)***

LES HALLES, RENDEZ-VOUS DES BOUCHERS

Généralement les bouchers parisiens sont originaires d'une région d'élevage : Normandie, Perche, Charolais, ou bien encore Limousin comme Christian Dubois : « Un môme de quatorze ans qui voulait être boucher débarquait aux Halles. On le voyait débouler sous les pavillons avec sa petite valise et il y avait toujours un mandataire pour faire la tournée des bouchers et le faire embaucher quelque part. La fibre régionaliste fonctionnant bien, il se trouvait régulièrement un patron de même origine pour l'accueillir et lui faire gravir les échelons de la profession : débutant comme livreur, il terminait chef-boucher au moment de partir au régiment ! »

De part et d'autre des pavillons dévolus à la viande, des boucheries font le demi-gros et le détail. En face du pavillon de la volaille sont installés des volailleux. Côté rues Vauvilliers, Sauval, Saint-Honoré, de l'Arbre-Sec, du Louvre et côté rues Montmartre et Montorgueil, des boucheries de catégories différentes se partagent la clientèle.

"Vers quatre ou cinq heures du matin, on allait se taper un bon casse-croûte, une entrecôte ou des tripes, le tout bien arrosé…" ***(© Keystone)***

Rue Montorgueil, sur cent cinquante mètres de long, une dizaine de cafés-restaurants encadrent pas moins de neuf boucheries et quatre charcuteries. Parmi elles, la maison *Hébert*, réputée pour son porc et ses salaisons. Michel Hébert commence sa journée vers cinq heures du matin : « Nous allions acheter la marchandise chez les grossistes des pavillons puisque nous faisions le demi-gros et le détail. On avait plusieurs fournisseurs pour pouvoir négocier, mais dans l'ensemble, les prix étaient plutôt stables. D'ailleurs, entre revendeurs, il n'y avait pas vraiment de concurrence, on vendait tous sensiblement au même prix puisqu'on avait acheté au même prix. De toute façon, il n'y avait pas de souci à se faire, ça grouillait de monde. »

Du côté de la rue Montmartre coexistent beaucoup de maisons de « casse » dont la viande n'est pas de première qualité mais dont le prix est plus attractif que dans les petites boucheries de détail ; le problème, c'est qu'il faut acheter de grosses quantités. La mère de famille qui vient là fait ses achats pour toute la semaine. Louise Isoard fréquente la boucherie *Bruneau* : « Il fallait voir l'ambiance là-dedans, le patron jouait de la trompette pour attirer le chaland et comme le magasin était tout en longueur, il vous balançait les morceaux de viande du fond de la boucherie, j'avais toujours peur de les recevoir en pleine poire ! »

Pour Ernest Isoard *(ci-dessous)*, le désossage n'a pas de frontière : commencée dans le secteur de la rue Montmartre, sa carrière de boucher s'achèvera rue Saint-Honoré. *(En haut à gauche : © Universal Photo ; à droite, coll. Celati ; ci-dessous : coll. part.)*

CADENCES INFERNALES

Ernest Isoard, qui travaille rue Montmartre dans les années soixante, commence vers minuit et ne rentre pas chez lui avant deux ou trois heures de l'après-midi. Il va alors se coucher et sa femme, Louise, attend qu'il soit levé pour partir travailler, de crainte qu'il ne se réveille pas. « Le soir, je ne me couchais jamais avant qu'il parte et il ne rentrait que le lendemain après-midi ; c'était pas une vie ! »

L'ambiance conviviale qui règne aux Halles aide pourtant Ernest Isoard à supporter les horaires difficiles : « A minuit, on attaquait le désossage de la viande qui avait été achetée sous les pavillons la veille. On travaillait douze à treize heures par jour : c'était dur mais on gagnait bien notre vie avec tous les pourboires. Vers quatre ou cinq heures du matin on allait se taper un bon casse-croûte, une entrecôte ou des tripes, le tout bien arrosé… »

A l'époque, les bouchers ont la réputation d'être très riches. Il est vrai que sur le territoire des Halles, c'est entre leurs mains que se brasse le plus d'argent. Louise Isoard évoque avec un certain émerveillement une bouchère de la rue Montorgueil qui donnait raison à elle seule au dicton de l'époque, « riche comme une bonne bouchère ». « Elle avait de beaux brillants aux oreilles et était couverte de bijoux. Dès six heures du matin, elle était debout pour mettre du persil sur les têtes de veau. A l'époque, il n'y avait pas de vitrines réfrigérées ; quand il faisait chaud, la viande souffrait un peu mais on n'en mourait pas ! »

PETITS GOBETS
ET GRANDES BORDURES

« Aux Halles, on n'avait pas des salaires de ministre alors il restait le système D… » Dans le milieu de la boucherie, on maintient la tradition du *gobet* : considérant que le personnel n'a pas à acheter sa viande, on lui en accorde environ trois kilos par semaine.

Les quantités sont modulées selon la catégorie choisie : trois cents grammes de bifteck équivalent, par exemple, à six cents grammes de blanquette. Cette marchandise sert ensuite de monnaie d'échange dans la logique du troc qui règne aux Halles. « Tu m'donnes un poulet, j'te donne des asperges, tu m'files une sole, j'te file des escalopes… »

Le travail de la viande demande une grande dextérité et certains virtuoses du couteau arrivent à sculpter les quartiers de viande avec une précision qui leur est très profitable ; Christian Dubois en est encore admiratif : « Le type qui séparait en deux un bœuf entier, après avoir scié les os pour faciliter la coupe, donnait un premier coup de couteau pour effectuer la coupe, puis un second coup de couteau rapide grâce auquel il faisait tomber cinq cents grammes de viande "in the pocket". Au bout de quelques heures, il avait découpé une bonne quantité de bœufs et se retrouvait avec trente kilos de viande dans la poche. Il allait alors trouver un restaurateur pour négocier sa barbaque. On la lui achetait ou on la lui payait en Ricard et le tour était joué. En fait, ce genre de larcin était comparable à celui de l'employé du ministère qui se tire le soir avec un stylo bille ! Personne n'était vraiment volé car quand vous achetiez une bête de cent quarante-cinq kilos, selon la température elle pouvait perdre un à deux pour cent de son poids par jour, c'est-à-dire ne plus faire que cent trente-six ou cent quarante-quatre kilos, alors le type qui en prenait cinq cent grammes !… Le patron fermait les yeux, c'était une pratique courante, ça faisait partie des *petites bordures* ! Il y avait d'ailleurs une expression chez les bouchers pour désigner ces combines c'était "la défense". Quand ils parlaient d'un patron, ils posaient toujours la même question : "Est-ce qu'il a de la défense ? La défense c'était de la chourave mais il ne fallait pas que ça dépasse une certaine limite… »

LA TRIPERIE, C'EST DÉLICAT…

De tous les secteurs des Halles, le plus impressionnant est sans aucun doute celui de la triperie. Les témoins évoquent les couleurs et les odeurs liées à cette activité ; les chariots débordant de têtes de veaux, de foies, de rates, de cœurs, de pieds, de tripes, le tout dégoulinant de sang sur la chaussée.

Le pavillon de la triperie ayant disparu au cours d'un incendie en 1949, ce sont les rues Vauvilliers et du Roule qui deviennent le centre de cette activité.

Page de droite :
Un des deux échaudoirs des Halles. Un travail harassant, une chaleur étouffante… les forges de Vulcain !
(© Keystone)

La triperie est le secteur le plus méprisé, au grand dam de Christian Dubois : « Celui qui n'était pas capable d'être boucher devenait tripier, on lui faisait casser des têtes, c'était le schéma classique. Les hommes n'aimaient pas faire ça, car c'était répugnant : celui qui cassait des têtes avait du sang jusqu'aux oreilles et jusqu'au slip, malgré trois épaisseurs de tabliers ! Pourtant, le travail de tripier demandait bien plus de délicatesse et de précision que celui de boucher. C'est sans doute pourquoi on trouvait beaucoup de femmes dans la triperie ainsi que de jeunes apprentis comme je l'ai été moi-même. »

Dans les années soixante, quand les têtes de veau arrivent aux Halles, elles sont encore couvertes de poils ; le travail du jeune apprenti consiste à aller les faire "dépoiler" dans l'un des deux échaudoirs du quartier, rue du Jour ou rue Vauvilliers : « Les échaudoirs étaient de vastes pièces au centre desquelles se trouvait une immense marmite fumante de sept ou huit mètres de diamètre. Grimpés sur une estrade et penchés sur cette marmite, une dizaine de "piafs" s'agitaient, en maillot de corps et tablier de grosse toile. Les marmites chauffant à soixante-dix ou quatre-vingts degrés, on ne se voyait pas à trois mètres. C'étaient les forges de Vulcain ! Quand vous arriviez avec vos dix têtes de veau et les quarante pieds qui allaient avec, vous les marquiez avec des coups de couteau sur les oreilles pour les distinguer de celles des autres. Suspendue au plafond, une fraise tournait électriquement et dépoilait tout ça, mais vous aviez intérêt à filer de la "pocket" au bonhomme sinon il était capable de vous bousiller vos têtes : si elles restaient trop longtemps dans le fond de la marmite, les oreilles frisaient, elles prenaient une consistance trop ferme et c'était foutu. »

L'ARGOMUCHE DE LOUCHEBEM

Page de droite :
"Quand il y avait de la bagarre rue Montorgueil, il suffisait de crier *Aux bouchers !*, ils débarquaient avec leurs couteaux et les mecs se débinaient."
(Photo André Kertész, © Ministère de la Culture, France)

Aux Halles comme à la Villette ou à Vaugirard, quand les bouchers parlent vite, « on n'entrave que dalle ! » Claude Dubois, qui a un cousin dans la boucherie, est rapidement initié au louchebem, l'argot des bouchers : « On supprime la première lettre d'un mot en la remplaçant par un L et on la renvoie à la fin, suivie d'un suffixe comme EM, UIC ou OC. Ce qui donne *louchebem* pour boucher, *listrobem* ou *listrobuic* pour bistrot ou *laripoc* pour Paris. »

Christian Dubois et ses camarades bouchers trouvent cela bien commode pour communiquer entre eux sans se faire comprendre du touriste : « On dit par exemple *un loukès de loujeroc* pour un coup de rouge ; il est un peu *loirnoc*, il est un peu noir ; un *lorsomic* pour un morceau ; un *loutonmic* pour un mouton, un *lovic* pour un veau, un *lœufbe* ou *lœufbem* pour un bœuf, *laris* pour rassis, *loulepem* pour poulet. »

« As-tu luve cette lamfe au lapochic lervoc lobe ? » « As-tu vu cette femme au beau chapeau vert ? » Certains mots du louchebem connaissent la consécration en passant dans le langage courant : en *lousde*, en douce…

NICE EST AUX HALLES

Pivoines, iris, marguerites, bleuets, myosotis, dahlias, pensées, lilas…, les fleurs de la région parisienne sont encore livrées par des voitures à cheval, en 1928, lorsqu'Élise Masio, fleuriste sur le marché de Boulogne, vient faire ses achats aux Halles. Quand elle arrive à cinq heures du matin, les fournisseurs sont déjà là, installés devant Saint-Eustache, rue Rambuteau, rue Pierre-Lescot et jusqu'au boulevard de Sébastopol.

Au *Montreuil*, secteur des maraîchers de la région parisienne, les fleurs sont présentées dans de grands paniers et côtoient légumes ou fruits de saison. Les mandataires, eux, occupent les travées des pavillons et proposent plutôt les fleurs du Midi qui arrivent en train : mimosa, œillets, violettes de Parme, roses Druski ou Safrano, muguet, giroflées, anémones, narcisses, réséda, camélias, liliums, lys, orchidées… Les jours de gel, la vente se fait dans les sous-sols des pavillons, à côté de la viande.

Lorsqu'Élise Masio a terminé ses achats, elle va se restaurer rue du Cygne avant de reprendre le métro vers huit heures en emportant sa marchandise, afin d'être à Boulogne à neuf heures.

A partir de 1954, un bouleversement s'opère aux Halles : pour désengorger le trafic, la vente des fleurs a lieu l'après-midi. Dès que le « ménage » est fait, les fleurs

Les hommes des bois apportaient de la "verdouse". Elle variait selon la saison : gui et houx à Noël, buis aux Rameaux, muguet au Premier Mai… *(Coll. Celati)*

arrivent. Il est treize heures et elles resteront aux Halles jusqu'à dix-neuf heures. Madeleine Large vient encaisser les places de voiture des fleuristes qui, à cette heure-ci, peuvent venir plus près des pavillons : « Le parterre de fleurs devant Saint-Eustache était superbe, les clients nous connaissaient et souvent, le samedi, ils nous disaient de passer en fin de marché chercher un beau bouquet. Ce jour-là, on revenait avec des brassées de fleurs. »

Deux fois par semaine, les mardis et vendredis, ce sont les plantes en pots qui affluent rue de la Grande-Truanderie et place Saint-Eustache.

Annie Manuelli met en botte du feuillage destiné aux fleuristes, devant *La Ville de Rouen*, et d'autres petits marchands proposent le matériel qui concerne la vente des fleurs.

Certains personnages d'un genre particulier, surnommés « les hommes des bois », débarquent aux Halles dans des camionnettes rafistolées et bringuebalantes, ils apportent de la *verdouse*. Elle varie selon la saison : c'est le sapin, le gui, le houx ou le lierre à Noël ; le buis aux Rameaux ; le muguet au Premier Mai, puis la jonquille, la marguerite, le nénuphar, le roseau… tout ce que l'on peut trouver dans une forêt, y compris les branches roussies par le soleil d'automne.

Tous les riverains gardent une grande nostalgie de ce marché car vers dix-neuf heures, les prix sont cassés et ils peuvent se fleurir à peu de frais. A vingt heures, pavillons et carreau sont à nouveau évacués et, à part les pétales jonchant le sol comme après le passage d'un cortège fleuri, les Halles sont désertes.

Pages 42 et 43 :
Anémones, azalées, résédas, roses et camélias, l'arrivée des fleurs transformait les Halles en "petit Nice".
(Page 42, © Keystone ; page 43, © Henri Cartier-Bresson/Magnum Photos)

Aux Halles, chaque mètre carré était compté, foi de placière !
(© Keystone)

AU VOUVRAY
AU VOUVRAY
RESTAURANT

EMBAUCHES
ET DÉBAUCHES
AUX HALLES

LES SEPT CENTS MUSCLÉS

La figure emblématique des Halles, c'est le Fort. Par sa force physique et par l'autorité que lui confère la préfecture de police, il règne naturellement sur les masses grouillantes et laborieuses des Halles. L'histoire des Forts des Halles est étroitement liée à celle de Paris. Organisés en corporation dès le XIIIe siècle, ils ont le privilège de porter sur leurs épaules, à Saint-Denis, la dépouille des rois de France défunts. C'est d'ailleurs dans ces circonstances qu'ils provoquent la première « grève sur le tas », en refusant d'acheminer le corps de Charles VII, sous le prétexte qu'on ne les paye pas assez. Supprimée après 1789, la corporation est rétablie par Napoléon III, en raison de la fraude qui sévit aux Halles.

Comme on peut s'en douter, pour devenir Fort des Halles, il faut prouver que l'on est réellement costaud, et ce grâce à un concours organisé régulièrement par la préfecture de police jusqu'en 1952. L'épreuve, qui se déroule au pavillon de la volaille, consiste à coltiner une caisse de deux cents kilos de pavés sur soixante-dix mètres.

On demande Forts en muscles et forts en thème ! Ci-dessous, le traditionnel concours des Forts.
(Page de gauche, © Henri Cartier-Bresson, Magnum Photos ; ci-dessous, © Keystone)

Autant dire que les frêles épaules n'y résistent pas et que bon nombre de candidats restent au tapis !

Le concours de 1949, par exemple, reçoit cinq cents candidatures qui, après visite médicale et examen du casier judiciaire, se réduiront à deux cents. A l'issue des épreuves, trente-sept candidats seulement pourront porter la médaille de la Ville de Paris.

Les futures recrues doivent également passer une épreuve d'arithmétique et d'orthographe du niveau du certificat d'études. En effet, si la tâche principale des Forts est d'assurer les manipulations d'entrée et de sortie des marchandises, ils ont également pour mission officielle de participer à la bonne tenue du marché et des ventes. Ils sont donc les auxiliaires des services préfectoraux qui luttent contre les irrégularités, inévitables en raison de la nature à la fois colossale et diffuse des transactions.

Avec leur superbe couvre-chef et leur médaille, les Forts avaient fière allure.
(Coll. Celati)

Henri Cotterlaz-Rennaz, Savoyard comme beaucoup de ses confrères, devient Fort en 1933. À cette époque, les Forts sont autonomes et rémunérés au tonnage. Du point de vue pécuniaire, la hiérarchie va de la volaille (la moins lucrative) à la viande, en passant par le poisson, les B.O.F. et les légumes. Pour passer d'un secteur à un autre, il faut souvent « reprendre le colis » c'est-à-dire repasser une épreuve de force.

Les Forts préposés au pavillon de la volaille et à ceux du poisson, étant défavorisés à cause d'un tonnage moindre, se voient gratifier, en période estivale, d'un service supplémentaire aux légumes, qu'Henri Cotterlaz a souvent pratiqué :

Pour ce Fort, plus habitué à transporter des sacs de pomme de terre ou des quartiers de viande, soulever la reine des Halles est un jeu d'enfant !
(© Viollet)

« On appelait ça "faire les pois" parce que c'était la saison des petits pois mais évidemment on ne portait pas que ça. Il m'est arrivé de porter six cents sacs de cinquante kilos de pommes de terre en deux heures et demie ! Comme le service des légumes se déroulait entre onze heures du soir et une heure trente du matin, c'était un peu fatigant d'attendre jusqu'à quatre heures pour faire la volaille ou le poisson, alors on allait casser la croûte au *Chou vert* et à *La Vallée*, rue Berger.

« L'ambiance et le travail variaient d'un pavillon à l'autre. Au poisson, les gens étaient familiers, ils nous tutoyaient facilement ; au B.O.F., ils étaient plus distants ; là, il fallait porter des "cercueils", colis de un mètre quatre-vingt-dix de long, contenant mille quatre cent quarante œufs et pesant dans les cent trente kilos. Pour la viande, on exigeait que la taille des candidats ne soit pas inférieure à un mètre soixante-dix. Quand on devait porter un morceau de viande dépassant les deux cents kilos, on avait le droit de le porter à deux. »

Au lendemain de la guerre, la profession est réorganisée et les Forts deviennent des fonctionnaires de la préfecture de police. Comme beaucoup de travailleurs des Halles, les Forts ont un second emploi. Ainsi, l'après-midi, Henri Cotterlaz fait de la comptabilité chez un mandataire.

Un musclé au regard d'enfant.
(Photo G. Nielsen, © Rapho)

ON DEMANDE GARDEUSE PAS FRILEUSE

Une fois la marchandise vendue, le Fort la confie à une gardeuse dont le nom lui a été indiqué par l'acheteur. Les surnoms des gardeuses datent de Napoléon III : Marcelle, La Jambe, Catherine, Le Boucher… Chaque pavillon a ses gardeuses attitrées et Madeleine Large aide l'une d'elles au pavillon du poisson : « Il fallait ranger toutes les caisses de poissons en piles et les surveiller jusqu'à ce que les clients les récupèrent. Si une marchandise sortie du pavillon et confiée à la gardeuse avait disparu, nous étions tenues pour responsables. On restait en sabots, debout dans le froid pendant cinq heures, sans pouvoir quitter notre poste ; heureusement, les gens nous apportaient des cafés et les pourboires étaient intéressants. »

Avec un diable bien équilibré, les porteurs expérimentés pouvaient transporter jusqu'à six cents kilos de marchandises. ***(Coll. Celati)***

A LA FICELLE, AU DIABLE OU AU CROCHET ?

Hop ! Hop ! Hop ! Tiré par un porteur qui s'époumone et sautille comme un cabri, le diable, chargé d'une montagne de denrées, essaie coûte que coûte de fendre la foule. Les acheteurs étant contraints de laisser leurs véhicules à l'extérieur des Halles, ils ont recours aux services de porteurs qui pourront emmener la marchandise d'un point à un autre dans le périmètre des Halles ou à l'extérieur, mais en aucun cas sous les pavillons, domaine réservé aux Forts. Selon l'importance de la charge, le portage se fera à la main ou « à la ficelle », à dos d'homme ou « au crochet » et enfin pour des charges plus importantes, « au diable ».

Quel que soit le mode de portage, les porteurs doivent avoir une médaille attribuée par la préfecture de police. Raymond Lebeaupin, qui entame sa carrière de porteur en 1928, explique la filière officielle : « Il fallait se présenter dans les sous-sols des pavillons où se trouvait un bureau de la préfecture de police. Après quelques formalités, vérification du casier judiciaire, visite médicale et attestation d'un second métier au moins intermittent, on recevait la médaille de porteur. Avant d'embaucher, on devait placer la médaille sur sa poitrine et aller chercher un diable dans une resserre qui appartenait à la ville. Mon point de ralliement, c'était au carrefour de la rue Rambuteau et de la rue Mondétour. Il y avait d'autres points de rendez-vous tout autour des Halles. »

Le diable est un chariot à deux roues porteuses, qui peut supporter des charges très élevées. Les porteurs à la ficelle se distinguent par la ficelle qui pend à leur poche, sur la poitrine et ils portent à mains nues des cartons et des cageots, en petite quantité. Le crochet est un instrument de portage à dos, analogue à celui des vitriers et inspiré de l'antique hotte. On peut y superposer plusieurs colis les uns sur les autres.

"La foule des bonnets blancs, des caracos noirs, des blouses bleues, emplissait les étroits sentiers, entre les tas. C'était toute une campagne bourdonnante. Les grandes hottes des porteurs filaient lourdement au-dessus des têtes."
(Émile Zola, *Le Ventre de Paris*)
(© Boyer-Viollet)

Fernand Devineau, au début de sa carrière de porteur, fait partie de ces nombreux porteurs clandestins, sans médaille, dont la police, théoriquement, ne doit pas tolérer la présence. Toujours à la merci de la confiscation de son outil, d'une amende, voire d'une incarcération provisoire rue des Prouvaires : « Je me faisais piquer en moyenne une fois par semaine. Ils mettaient le diable à la fourrière et j'en relouais un dans l'heure qui suivait pour continuer mon boulot. L'autre diable, je le récupérais plus tard avec deux francs. Pour délivrer la médaille, ils exigeaient un casier nickel mais un jour j'ai appris qu'ils l'avaient donnée à d'anciens détenus, alors je suis allé réclamer la mienne ! »

Pour un porteur dynamique comme Fernand Devineau, le travail ne manque pas : « Au mois de mai, j'attaquais les légumes à deux heures du matin pour les restaurateurs, à six heures, je faisais le poisson ; à huit heures et demie le poisson était fini, je faisais la volaille et l'après-midi, je me tapais encore les fleurs. Croyez-moi, le pognon que j'ai gagné, si je l'avais pas croqué avec les copains, j'aurais un beau château ! Je me suis déjà vu partir d'ici avec vingt-cinq colis de fraises, deux cents kilos de pommes de terre, du poisson, de la volaille... six cents kilos de marchandise, pour aller jusqu'au restaurant *Le Savoie* à République, et je suis arrivé avant le patron qui avait pris le métro. C'était un coup à prendre, il fallait bien équilibrer le chariot, que ça vous appuie bien sur les bras et une fois que c'était parti, ça allait bien. »

Des porteurs attendent le client, à l'angle d'un pavillon.
(Photo D. Berretty, © Rapho)

Les porteurs connaissent le relief de Paris comme personne : prendre la rue des Prouvaires qui monte sans en avoir l'air, enfoncer ses roues en plein été dans le goudron ramolli de la rue du Roule, crier « attention devant » pour ne pas s'arrêter au carrefour de la rue Saint-Honoré, prendre son élan pour traverser la rue de Rivoli, traverser le quai de la Mégisserie au pas de course pour gravir la bosse terrifiante du Pont-Neuf et la redescendre en posant les pieds tous les six mètres... gare au coup de frein : on pose les deux bras du diable sur le sol, tout le chargement part en avant et si, par hasard, le chariot est chargé trop haut, toute la marchandise se retrouve par terre !

A LA CLOCHE, ON BRADE

Il est six heures et demie quand Marie-Louise Béranger, qui descend de Clamart, arrive aux Halles. Comme tous les samedis, elle est venue faire les courses de la semaine : pour nourrir une famille de huit personnes, rien de tel que les Halles si l'on ne veut pas mettre à mal son budget. Quand elle aura rempli ses grands cabas, son fils Dominique viendra la récupérer avec sa quatre-chevaux car en fin de marché, les voitures peuvent enfin accéder aux Halles.

Pour le prix d'une salade, Marie-Louise en aura dix, pour le prix d'un kilo de tomates, elle aura le cageot, pour le prix d'une poignée de fraises, elle aura tout le colis… Les commissionnaires en légumes répugnent à mettre la marchandise en resserre, surtout en fin de semaine, et ils préfèrent brader. Marie-Louise Béranger pourra aussi acheter un train de côtes ou une tête de veau, entière ou désossée. Comme beaucoup de clients, elle ira rue Montorgueil dans un magasin de salaisons où le patron, Michel Hébert, aimerait parfois mettre la pancarte : « Fermé pour cause d'affluence ! » : « Certains samedis et veilles de fêtes, il m'est arrivé d'être obligé d'arrêter la vente : les clients se bousculaient tellement qu'il fallait tenir les étalages ! C'était fabuleux, mais il fallait faire attention aux vols car on vendait tout sur la rue, comme au marché. »

Marcelle Grandjean, vendeuse sur le carreau : "Le samedi, on cassait les prix, car on ne voulait pas mettre la marchandise en resserre." *(Coll. part.)*

L'expédition aux Halles prend le samedi des allures de fête. Les parents de Gérard Connan viennent d'Orly pour acheter des colis de légumes et de fromages à partager entre amis : « Leurs achats se poursuivaient toujours par des gueuletons et des petits coups à boire ici et là ; ils faisaient la fête avant de se trimballer toute la marchandise en train. Je ne suis pas sûr qu'ils faisaient des économies mais c'était devenu un rituel qu'ils n'auraient raté sous aucun prétexte. »

Les habitantes du quartier, comme Hélène Rémy, préfèrent venir faire leurs courses dans la semaine pour éviter la foule. « Toutes les femmes jeunes et jolies mettaient des robes affriolantes pour aller au marché. L'ambiance était spéciale, quand ils vous envoyaient des bobards, il fallait leur répondre sur le même ton et s'ils exagéraient, il valait mieux les remettre à leur place. Un jour, un boucher a voulu soulever ma jupe, j'ai posé mon sac et je l'ai envoyé valdinguer dans ses têtes de veaux ! »

Les gens démunis achètent la marchandise proposée par des vendeurs à la sauvette, installés surtout dans le bas de la rue Montorgueil ou sur le boulevard de Sébastopol. Tomates trop mûres, poireaux défraîchis, fruits cotis, poisson du jour… Yvon Le Roux connaît leurs spécialités : « Il y avait celui qui vendait des filets de merlan, un autre qui vendait des soles, il y avait du frais et du moins frais ! Quand la police faisait une descente, ils allaient se cacher derrière les portes cochères et réapparaissaient quelques instants plus tard à un autre endroit. Parfois la chance tournait et ils se retrouvaient au commissariat des Prouvaires avec confiscation de leur marchandise. »

La méthode la plus économique reste encore la récupération. On peut voir en fin de marché, parmi les monceaux de débris qui jonchent le sol, des gens sauver ici un poireau fatigué, plus loin une botte de radis aux fanes jaunies, ailleurs quelques fruits un peu blettes.

Légumes fatigués, fruits blettes, cageots, cartons, rien ne se perd, rien n'échappe à la récup' ! *(Coll. Celati)*

Aux Halles on ne meurt pas de faim et aucun commerçant ne refusera de faire un geste en direction des plus démunis. Lucienne Fabre se souvient de la visite de l'abbé Pierre en 1954, venu solliciter quelques denrées pour les déshérités qu'il avait pris sous sa protection.

Cartons, ficelles, papiers, cageots, tout est récupéré aux Halles. Pour quelques individus à l'esprit particulièrement industrieux, la récupération est un véritable métier. Celui-ci loue un diable et le charge de cageots qu'il vend comme allume-feu. Celui-là glane de la fibre de bois laissée par les grossistes-fruitiers et va la vendre à sa clientèle régulière d'emballeurs et de marchands de verrerie et de porcelaine. Pendant ce temps, les vendeurs de légumes ont dû débarrasser le carreau assez rapidement, après le signal de la cloche qui indique la fin de la vente, sous peine d'avoir une amende. La marchandise invendue est entreposée dans une des resserres du quartier : il y en a sous les pavillons ou au rez-de-chaussée de nombreuses boutiques et cafés. On paye en fonction de la quantité de marchandise entreposée.

Robert Maurice dépose la sienne dans des entrepôts frigorifiques situés sous les pavillons : « Dans ces sous-sols se trouvaient des cases de dimensions différentes, séparées par des grilles. La nôtre faisait cinquante mètres carrés et seuls les légumes invendus y étaient descendus ; le matériel, tables et diables, était déposé dans une resserre de la rue Montorgueil. »

De toute façon, il faut faire vite car les arroseuses arrivent vers dix heures et une grande partie des emballages sera emportée au four crématoire des Halles, surmonté de la grande cheminée qui se dresse au milieu des pavillons.

PETITS MÉTIERS
ET GRANDES RENOMMÉES

Dans les années soixante, Paulette se tient sur le trottoir de la rue des Prouvaires, devant *La Tête noire*. Elle s'est installée dans le quartier des bouchers et vend des étiquettes, des brochettes, des manchons de gigots et autres décorations pour présenter la viande. Quelques mètres plus loin, devant *Chez Clovis*, une collègue vend du persil et de la coutellerie. De l'autre côté, le long des murs de Saint-Eustache, un vendeur se consacre au commerce des oignons, ail, échalotes…

Vendeur d'étiquettes pour les commerçants : un des nombreux petits métiers gravitant autour des pavillons. ***(© Martin Monestier)***

Aux Halles, chaque mètre carré est exploité et comme cela ne suffit pas, les porches sont réquisitionnés. On y déniche des vendeurs de ficelle, d'étiquettes, de bouchons, de sacs en papier ou simplement de feuilles de journaux découpées. Tout ce dont un commerçant a besoin pour l'étiquetage et l'emballage de sa marchandise se trouve là.

En dehors de ces petits métiers sédentaires qui sont surtout connus dans leur secteur, quelques commerçants ambulants acquièrent une véritable renommée. Claude Mahleu se souvient d'une vendeuse de billets de loterie surnommée « Madame Kiki » car elle se promenait avec ses billets en marmonnant ce leitmotiv : « Qui qui n'en veut, qui qui n'en veut ? »

Robert Maurice est fasciné par les « vendeurs en valise » qui se baladent d'un bout à l'autre des Halles avec leur valise remplie de pulls ou de bijoux : « Certains pouvaient déambuler comme ça avec l'équivalent de cent ou deux cent mille francs ! »

Parmi ces personnages, celui qui reste dans les mémoires est le « Père la Souris », camelot de son état. Odile Lavenarde est encore émue en évoquant son allure : « Coiffé d'un chapeau melon, il était très stylé. Il passait dans tous les cafés et restaurants du coin où il faisait l'amuseur avec ses tours de cartes, puis il ouvrait sa valise et proposait des choses à vendre, presque toujours des articles nouveaux qu'il arrivait à se procurer avant les magasins : un jour des cravates, le lendemain des jouets, une autre fois des parapluies… il avait un tel baratin qu'il avait vite fait de vous embobiner. D'ailleurs il mangeait régulièrement à *La Grille*, restaurant réputé de la rue Montorgueil, il devait donc faire de bonnes affaires ! »

CLOCHARDS PAR VOCATION

Ancien siège de la Cour des Miracles, le quartier n'a jamais vraiment rompu avec ses origines. Au Moyen Age, on y tue le cochon et on donne les pieds aux manants du quartier afin qu'ils ne meurent pas de faim. Au XXe siècle, les Halles gardent toujours les clochards dans leur giron et s'en occupent même fort bien, comme ces policiers qui les poursuivent jusqu'à l'entrée de la station de métro, sous l'œil amusé de Marcelle Grandjean : « Ils les emmenaient à l'Hôtel-Dieu pour les laver et les épouiller, puis ils les relâchaient. Pour eux, c'était bien pratique de vivre aux Halles, ils pouvaient toujours trouver un petit boulot. Un jour, on a vu qu'au *Pied de Cochon*, ils embauchaient un clochard pour éplucher les oignons. Si les clients avaient vu ça, ils auraient peut-être fait la fine bouche ! »

Depuis le Moyen Age, les Halles gardaient les clochards dans leur giron et s'en occupaient fort bien. Ici, un banquet, organisé pour les nécessiteux à l'occasion de la pose de la première pierre d'un nouveau pavillon. *(Coll. Celati)*

Dans la journée, les points de ralliement des clochards sont la pointe Saint-Eustache, vers les rues Montmartre et Montorgueil où ils pratiquent parfois la vente à la sauvette, ou encore l'église Saint-Leu, rue Saint-Denis. Certaines figures sont célèbres et familières aux Halles, comme le Père Trompette, vieux colonial de la Grande Guerre, surnommé ainsi car il joue très bien du « litron » comme le constatent Louise et Ernest Isoard : « C'est comme s'il en avait joué toute sa vie : toute la nuit, il faisait la vie dans la rue Saint-Honoré, alors les gars qui travaillaient là lui cassaient des œufs sur la tête. Il se laissait faire et leur disait "Bon ben tu vas me payer un canon !" »

Claude Mahleu, grâce à ses prérogatives de fonctionnaire de police, découvre des personnalités : « Un ancien médecin, un ancien colonel… on connaissait leurs origines car on leur demandait leurs papiers. Un autre était de la famille Gallimard, il était surnommé "Bouquin" et recevait une rente mensuelle qui ne faisait pas long feu car lorsqu'il la touchait, tout le monde rappliquait ! »

Du côté de la rue Berger, Claude Cornut croise régulièrement une « clocharde par vocation ». Elle s'appelle Marthe et couche dehors : « Lorsqu'on la croisait, on lui payait un pot sans jamais lui poser de questions, comme c'était la règle aux Halles, mais quand elle est morte, on a su qu'elle avait des actions à la Samaritaine et qu'elle était très fortunée. »

DES RATS PLUS GROS QUE DES CHATS

« Oh ! là là ! au secours !… Oh ! là là ! au secours !… » Quand Marcelle et René Grandjean, du haut de leur chambre de bonne de la rue Montorgueil, entendent les cris de la voisine du dessous, ils savent que la voie est libre car d'un coup de balai, la pauvre femme effarée a déjà chassé les rats du palier. Scène ordinaire de la vie des Halles…

Le service de dératisation a beau passer tous les six mois, les rats sont là et ils ont bien raison car ils trouvent ici la plus grande concentration de nourriture au mètre carré. Un petit tour dans les cuves de la triperie pour se gorger de sang, une halte sur le carreau pour grignoter quelques légumes, un séjour dans les belles caves d'affinage pour y goûter les fromages… Bien qu'omnivores, les rats des Halles semblent avoir un sérieux penchant pour la viande. Pour certains riverains comme Raymonde et Jean Chèze, c'est devenu la distraction du week-end : « Avant l'utilisation systématique des frigos, la viande restait parfois exposée sous les pavillons et, à travers les grilles, on pouvait voir les rats suspendus aux quartiers de bœuf. Ils étaient souvent plus gros que des chats, et quand ils se bagarraient contre eux, les chats n'avaient pas forcément le dessus. »

La présence des rats étant inévitable, il faut apprendre à cohabiter : quand Madeleine Large et Annie Manuelli arrivent aux Halles, elles frappent du pied le trottoir pour les faire fuir avant de descendre de voiture. Quand Jean Picault va inspecter les fromages dans ses caves, il chausse de grandes bottes. Quand des employés descendent aux sous-sols des pavillons, ils sont souvent deux, au cas où l'un d'entre eux se ferait attaquer par des rats…

Une fois repus, les rats se promènent dans les rues du quartier et font partie du décor. Hélène Rémy s'amuse à les regarder : « Ils s'installaient sur les trottoirs pour faire leur toilette, ils étaient mignons lorsqu'ils frottaient leur nez avec leurs petites pattes. »

Depuis plus de cent ans, la maison Aurouze a déclaré la guerre aux rats du quartier. ***(© Photo P. Bard, Empreinte des Halles)***

MAIS QUI FAIT LA POLICE ?

Face à un marché de l'envergure des Halles, le travail d'organisation et de surveillance est indispensable. Le contrôle des opérations est important pour défendre les intérêts des producteurs et des expéditeurs qui envoient leurs marchandises aux Halles, mais aussi pour protéger les consommateurs et les revendeurs qui viennent y faire leurs achats. De plus, il est nécessaire que la circulation des marchandises et des travailleurs soit d'une fluidité suffisante. Pendant longtemps, la préfecture de la Seine et la préfecture de police se sont disputé les prérogatives liées à l'administration de ce grand marché puis, à force de lois et de décrets, les attributions de chaque instance ont été définies : la gestion des pavillons ainsi que l'utilisation du domaine public sont confiées à la préfecture de la Seine. Quant à la préfecture de police, elle assume la police du marché – loyauté des transactions, salubrité des denrées, liberté de circulation – ainsi que le contrôle de l'étendue des postes attribués aux mandataires sous pavillons ou les emplacements des vendeurs sur le carreau.

LES FORTS FONT LA LOI

Jacques Pierre se souvient du jour où un jeune commissaire de police avait été envoyé aux Halles et tout de suite mis au parfum : « Attention, vous allez là-bas pour représenter la force publique mais aux Halles, ce n'est pas vous qui faites la loi, ce sont les Forts. »

De fait, grâce à leurs mensurations, les Forts des Halles ont une autorité naturelle incontestée. Ils ont vite fait de mettre un terme aux fréquentes bagarres ; quant aux vols sous les pavillons, ils sont assez rares. Pierre Manuelli garde en mémoire une scène qui s'est déroulée au pavillon de la marée : « Un type avait volé du poisson dans une caisse et les Forts l'ont attrapé aux parties avec un crochet, il hurlait ; je m'en souviendrai toute ma vie car c'est la seule fois où j'ai vu une scène de ce genre aux Halles. »

A en juger par la lecture de la main courante des années trente et quarante, les vols ont plutôt lieu à l'extérieur des pavillons, mais les voleurs se mettent au diapason et souvent, ils ne font pas dans le détail : « Une longe et une tête de porc dérobés à un étalage rue Montmartre, un chariot contenant deux cent cinquante kilos de viande avec la complicité d'un commis rue Coquillière, un cageot de poulets rue Vauvilliers, une motte de beurre rue de la Réale… »

Le territoire des Halles est vaste, les Forts ne peuvent pas être partout, la police leur prête donc main forte dans certains secteurs.

La brigade des choux aime son uniforme : hiver comme été, pas question d'abandonner la "pèlerine garde-manger". *(Coll. Celati)*

LA BRIGADE DES CHOUX EST FRILEUSE

« La brigade des choux », c'est le surnom donné aux agents qui dépendent du commissariat de la rue des Prouvaires et qui sont chargés d'opérer aux Halles. Coiffés du képi réglementaire et de la pèlerine sombre, les agents de police se tiennent à toutes les entrées de rues et de pavillons. Séduits sans doute par la culture du troc qui règne aux Halles, nombreux sont ceux qui, à la perspective de remplir le garde-manger ou le réfrigérateur familial, accordent volontiers quelques passe-droits. Christian Dubois se livre régulièrement à des pratiques dont il connaît le tarif : « Pour entrer dans les Halles avec ma voiture, il m'en coûtait par exemple un rosbif par semaine ; quelques fromages s'il s'agissait d'un commerçant aux B.O.F., un colis de fraises ou de pêches s'il s'agissait d'un maraîcher… Les flics mettaient ça sous leur pèlerine et, à la fin du marché, ils finissaient par peser très lourd ! L'été, quand il faisait chaud, on leur lançait en ricanant : "Pourquoi t'enlèves pas ta pèlerine ?" Un grand quotidien avait même titré un jour : "Les Halles, le quartier le plus froid de Paris !" »

Ces arrangements prennent l'allure de règle du jeu incontournable et aucune défaillance n'est admise. Fernand Devineau en est témoin : « Je travaillais dans une maison de porcs en gros rue Turbigo et les camions de livraison gênaient parfois la circulation. Les flics étaient là, avec un sac qu'ils s'accrochaient dans le dos sous la pèlerine. Si on leur filait une grillade, ils la glissaient dans leur musette et on avait le temps de décharger les camions mais si on ne donnait rien, il fallait dégager tout de suite ! »

QUAND LES FLICS COMPTENT LES POULETS

Aux Halles comme ailleurs, certains commerçants utilisent des stratagèmes douteux pour écouler une marchandise médiocre. Les combines sont répertoriées et des inspecteurs sont chargés de les mettre au jour. La « regratte » est une mise en resserre de certaines denrées pour les vendre en seconde main. Le « fardage » est la présentation des beaux fruits au-dessus du panier alors que l'intérieur est mauvais… En matière de combines, dans tous les secteurs du marché, l'imagination des vendeurs est fertile.

Il est tout de même un domaine où l'attention de la police semble ne pas se relâcher, c'est celui de la viande. Christian Dubois en est témoin : « Le secteur de la viande a toujours été objet de suspicion : pour le policier, c'est attractif parce que c'est là que se brasse le plus d'argent. Le flic issu de la police économique contrôlait les ventes et les achats sur factures, mais le métier de la viande en gros était le plus contrôlé de tous. Pour les fleurs et le poisson, personne ne savait ce qui rentrait, alors qu'on ne pouvait pas vendre un morceau de viande sans vignette et, à partir des années cinquante, les bouchers payaient par chèque. En ce qui concerne le secteur du demi-gros, c'est une autre histoire ! »

Edmond Cavaroc travaille beaucoup avec le commissaire Albert Védrine qui a en charge le commissariat de la rue des Prouvaires : « Pour arriver à son bureau, il fallait traverser une haie de caisses de champagne car il y avait toujours des fêtes dans ce commissariat. Le commissaire Caille avec qui je travaillais aussi, venait déjeuner avec nous en face chez “le grand Jean”, une figure des Halles, un peu escroc. La plupart du temps, ce que l'on mangeait à midi, c'était de la viande “amenée” par les employés de la Boucherie Première grâce à un système détourné. Les veilles de fête, ils entraient dans la cuisine, le tablier relevé et alourdi par le poids de quelques poulets, puis ils ressortaient le tablier baissé, buvaient leur Ricard et repartaient. Nous, pendant ce temps, on faisait des coches sur la nappe : un poulet, deux poulets, trois poulets… »

Dans les années soixante, la presse sort régulièrement des « affaires », comme celle des grillades de porc, qui ne semble pas émouvoir Christian Dubois : « Par un tour de passe-passe adroit, un employé chargé de lever les reins de porc arrivait à récupérer cent soixante-dix grammes de grillades qui disparaissaient dans sa poche pélican. Comme il renouvelait l'opération plusieurs centaines de fois dans la matinée, il se retrouvait à la tête d'une quantité respectable de délicieuses grillades qu'il dispatchait sur les restaurants de la rue Montorgueil et des alentours. Le commissaire chargé de l'enquête faisait des descentes dans les frigos des restaurants, leur demandant les factures et il avait même réussi à enchrister des pauvres types alors que la pratique durait depuis des siècles ; tout ça pour épater quelques journaleux qui se sont empressés d'en parler comme d'une histoire de mafia dans la boucherie. »

LE MILIEU AIME LE CENTRE

Aux Halles, l'anonymat est de rigueur et Claude Cornut le respecte lorsqu'il exerce *Chez Clovis*, son métier de restaurateur : « Ici, tout le monde se mélangeait, mandataire, commis, P.-D.G, porteur, souteneur, Fort des Halles, prostituée, acheteur… on ne savait pas ce que faisaient les clients et on ne posait surtout pas de question ! »

La loi du silence qui prévaut aux Halles convient au Milieu qui fréquente le quartier, y passe du bon temps et ne s'interdit pas d'y traiter quelques affaires.

La nuit, l'argent coule à flot. Grâce au Milieu, le quartier fait parfois figure de caverne d'Ali Baba et, d'après Christian Dubois, on peut tout y trouver : « Le type qui avait vendu ses grillades de porc et avait cinq ou six mille francs dans la poche était content qu'on lui propose un manteau de vison pour sa femme, pour une somme dérisoire parce qu'il avait été volé quelques jours avant chez un grand fourreur. Dans les bars on pouvait acheter aussi bien un camion d'engrais ou deux containers de mitraillettes… Aux Halles l'argent circulait, les gens du Milieu le savaient, si vous cherchiez quelque chose, il suffisait d'en parler et dans l'instant qui suivait vous l'aviez. »

ENTRE LES CAGEOTS, LE TROTTOIR

La prostitution est l'une des valeurs sûres du Milieu. La foule de travailleurs et de touristes qui investit les Halles quotidiennement est une promesse de réussite immédiate pour qui se lance dans ce commerce. La prostitution est donc installée au cœur et à la périphérie immédiate des Halles et côtoie les autres activités marchandes du secteur.

Rue Saint-Denis, entre les choux-fleurs et les carottes, une grappe de filles se partagent les quelques centimètres de trottoir encore disponibles devant l'entrée des hôtels. Le client aura droit à une haie d'honneur de cageots multicolores avant d'accéder à une chambre miteuse.

Travailleuses du trottoir, travailleurs du carreau : même combat ! Dans le quartier, les prostituées appartiennent à la grande famille des Halles et bénéficient des avantages accordés aux initiés : un petit *lazor* par-ci, un petit *lazor* par-là.

Rue de la Grande-Truanderie, Mimi slalome entre les cageots de fruits et de légumes, « avec les talons aiguilles fallait faire gaffe à ne pas glisser sur une feuille de salade ». Après avoir pris congé du dernier client, elle se sert au passage : « Bon ben je t'ai pris un peu de cerises ! »

Dans la rue des Prêcheurs comme ailleurs, commerçants et prostituées font bon ménage. Quand la police fait une descente, il n'est pas rare de voir l'une de ces dames surgir dans la poissonnerie de Marcel et d'Henriette Normand : « Cache-moi, Normand ! », puis venir se réfugier sous la caisse, dissimulée par les jupes d'Henriette.

"Dans les rues Pernelle, Saint-Denis et des Lombards, vous aviez de belles mômes."
(Photo Robert Doisneau, © Rapho)

APRÈS L'EFFORT, LE RÉCONFORT

Les prostituées représentent souvent une étape privilégiée dans le planning hebdomadaire des travailleurs des Halles : ils vont manger un morceau, ils vont boire un coup ; après quoi ils peuvent « monter au bonheur ».

A chacun ses habitudes : certains se paieront le réconfort après l'effort et s'offriront un moment de détente au petit matin, après avoir trimé toute la nuit sur le carreau. D'autres préféreront se donner du corps à l'ouvrage avant d'attaquer les rudes tâches qui les attendent. D'autres enfin feront une petite pause au milieu de la nuit en attendant que l'on décharge leurs camions… De toute façon, pas d'inquiétude : aux Halles, la prostitution est au service de la clientèle vingt-quatre heures sur vingt-quatre.

Quelques clients raffinés viennent s'approvisionner dans le quartier mais consomment au grand air ; tel cet homme d'affaires exigeant, qui vient chercher une fille rue du Pélican et l'emmène au bois de Boulogne, où il lui demande de courir à côté de la voiture en lui tapotant les fesses et en l'exhortant à accélérer son galop érotique : « Allez cocotte, plus vite, plus vite !… »

De retour aux Halles, la protagoniste affamée par son jogging nocturne se précipite à *L'Épi d'Or* et fait hurler de rire l'assistance en racontant son histoire.

L'EMBARRAS DU CHOIX

A en juger par la lecture de la main courante de 1930, il n'y a aux Halles que l'embarras du choix : en plus des maisons de tolérance et des prostituées déclarées et « en carte », on y trouve la trace « d'insoumises, arrêtées pour racolage » dans les rues de Rivoli, de l'Arbre-Sec, Montorgueil, Étienne-Marcel, Saint-Denis, Quincampoix, boulevard de Sébastopol, place Sainte-Opportune…

Margot Capelier se revoit petite fille dans les années vingt, traversant la rue Quincampoix et écarquillant les yeux : « C'était une rue où il y avait des dames à fouets. Postées devant leurs portes, elles étaient vêtues de jupes plissées et, avec leurs chaussures montantes, on aurait dit les filles des Sables d'Olonne, celles que l'on voit sur les cartes postales. »

Le décor est sordide, la clientèle fidèle, l'hôtelier fortuné et, comme en témoigne Claude Mahleu, ancien inspecteur de police, la prostituée est honnête : « On pouvait croiser rue Quincampoix une clientèle chic, comme cette personnalité du monde médiatique qui y garait sa Rolls. A l'époque, les prostituées n'auraient jamais piqué le portefeuille d'un client. »

Chaque rue a sa particularité, Claude Dubois, écrivain et journaliste, s'en souvient : « La rue Quincampoix pour un gamin de quinze ans, c'était vraiment la cour des miracles ! Avec des femmes plutôt grosses et pas très belles, des gravosses, des "prix à réclamer". Dans les rues Pernelle, Saint-Denis et des Lombards, vous aviez de belles mômes, en particulier au 45, rue Saint-Denis, dans le bar où a travaillé Jeanne Cordelier, l'auteur de *La Dérobade*. »

Du côté de la Bourse du Commerce, la rue du Pélican, poétiquement rebaptisée « rue du poil au con ! », semble le lieu de prédilection de quelques membres du clergé, venus sans doute là exercer un prosélytisme de proximité auprès de quelques brebis égarées.

MIMI ET LES SOULIERS VERNIS

Micheline a aujourd'hui largement atteint l'âge d'être arrière-grand-mère et pourtant, l'idée de prendre sa retraite lui paraît saugrenue. Elle arpente toujours avec superbe l'une des rues commerçantes des Halles et se targue d'être la doyenne du secteur : « Les copines qui travaillaient dans le coin ont toutes lâché la rampe, quant aux anciens clients, j'ai pas reçu de faire-part mais ils sont plus près des chrysanthèmes que des dragées ! »

"A Saint-Lazare, ils nous gardaient pendant quatre jours et nous faisaient passer des visites médicales. Y'avait une bonne sœur qui nous faisait dire des prières, l'ambiance était mortelle !"
(© Collection Viollet)

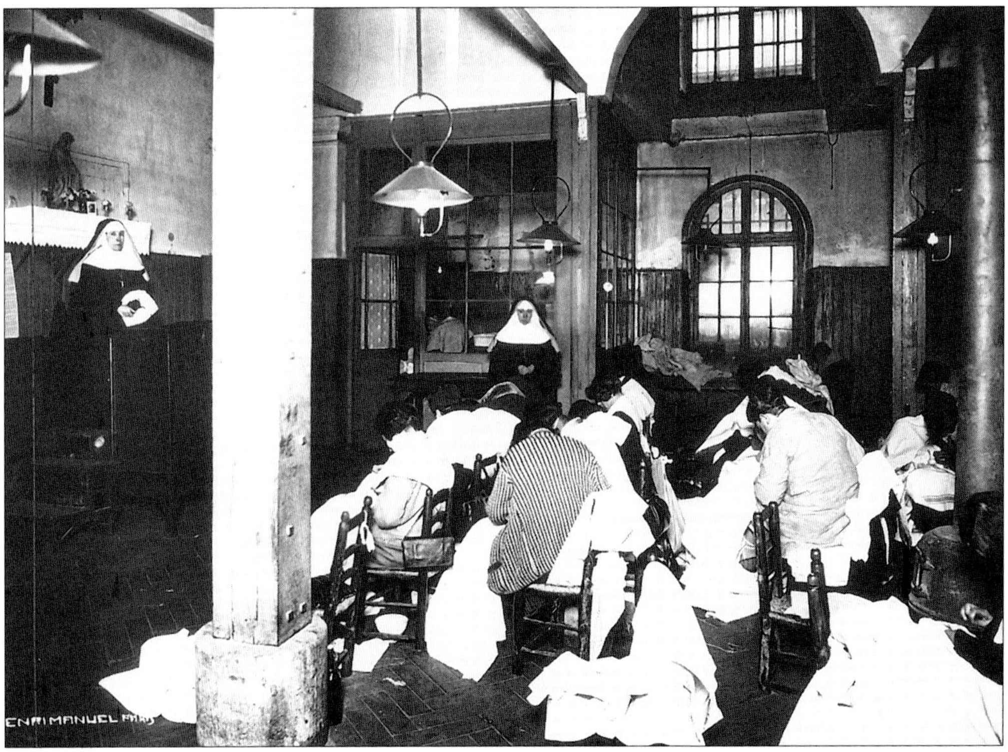

Son itinéraire est un classique du genre : arrivée de Bretagne à l'âge de dix-huit ans, elle commence par travailler à droite et à gauche comme bonne à tout faire et fréquente le bal des Bretons qui a lieu tous les dimanches. Elle y retrouve Marthe et Gilberte, deux « payses » qui se prennent d'amitié pour elle. « Je les trouvais très élégantes avec leurs jupes en satin et leurs souliers vernis, mais j'ai vite compris que je ne pourrais jamais m'offrir tout ça avec mes petites payes de boniche. »

D'un coup de baguette magique, les deux bonnes fées ne tardent pas à réorienter la vie professionnelle de Mimi, en l'amenant dans un bar louche de la rue Palestro, juste au-dessus des Halles.

« Je me souviens de mon premier client et de son air éberlué quand je lui ai dit en montant l'escalier de l'hôtel que je ne voulais pas qu'il me touche. »

Devenue moins farouche, Mimi est rapidement prise en main par des professionnels et se retrouve en train d'user ses beaux souliers vernis rue de la Grande-Truanderie. « J'y travaillais de trois heures de l'après-midi à minuit, d'autres commençaient plus tard. Dans cette rue, pas mal de filles étaient spécialisées dans la clientèle masochiste. Nous, on n'avait pas besoin de payer pour se faire cogner dessus, c'était gratuit et c'est nos maques qui le faisaient. Le mien me filait au moins une trempe par semaine sans raison particulière. Quand ça marchait il me disait "Vas-y, t'es en chance" et quand ça ne marchait pas, il me disait d'y retourner avec un coup de pied au cul ! Quand j'ai voulu me libérer, il a fallu lui payer l'amende mais je me suis retrouvée sous la coupe d'un mec encore plus dur : cinquante ans plus tard je porte encore les traces des coups qu'il m'a donnés. Je prenais mon mal en patience mais je me souviens de Titine Perrin qui a tué son maque et qui a pris dix-huit mois… »

Mimi se rappelle très bien la tactique de la police : « Ils se cachaient sous les portes cochères pour nous espionner et pouvoir mieux nous surprendre en train de racoler. Ils nous embarquaient direct pour Saint-Lazare et ils contrôlaient nos papiers. Les cartes rouges, c'étaient celles qui avaient la syphilis et les cartes blanches, celles qui ne l'avaient pas. A Saint-Lazare, ils nous gardaient pendant quatre jours et nous faisaient passer des visites médicales. Y'avait une bonne sœur qui nous faisait dire des prières, l'ambiance était mortelle ! »

LE COMMISSIONNAIRE DE CES DAMES

Après la fermeture de Saint-Lazare, les prostituées sont emmenées au commissariat de la rue des Prouvaires, au cœur des Halles. Les « filles » y passeront quelques trop longues heures dans les cellules sombres du rez-de-chaussée ou, plus tard, dans un box grillagé du premier étage. L'ambiance y est tout de même plus détendue qu'auparavant.

Les rafles de prostituées étaient fréquentes. *(© Roger-Viollet)*

Dans les années cinquante, Jean Chèze, jeune habitant de l'immeuble, se fait un peu d'argent de poche en rendant de menus services : « Souvent l'agent m'appelait et me demandait d'aller chercher des sandwiches pour les prostituées qui étaient en bas ; j'étais devenu le commissionnaire de ces dames ! »

Malgré l'ambiance plutôt bon enfant, les pensionnaires de passage doivent payer une amende toujours trop élevée à leur goût, après quoi elles peuvent sortir et aller boire un verre avant de reprendre le travail.

Aux Halles, comme dans d'autres quartiers d'intense prostitution, le thème du flic-maquereau est largement décliné et les histoires de compromission policière vont bon train mais ne sont pas d'une grande originalité.

Fernand Devineau, porteur aux Halles, jure « avoir souvent vu le samedi des flics boire le champagne rue Saint-Denis avec des patrons d'hôtels de passe qui leur filaient une enveloppe ».

En dehors de la prostitution « institutionnelle », sévit une prostitution occasionnelle que l'on peut qualifier d'alimentaire. Sur les quais, en bordure du Châtelet, des

Page de droite :
Au détour des menus : tripes, pieds de porcs, têtes de veau et un cortège d'abats travaillés en sauce.
(En haut et au centre, coll. Celati ; en bas, © Keystone)

femmes se donnent pour pouvoir manger une soupe ou un sandwich. Josiane Boughrab évoque avec compassion ces femmes que l'on voit disparaître derrière une porte cochère avec un commis ou un vendeur : « Tout le monde était au courant, même les agents de police compréhensifs qui fermaient les yeux car il fallait bien qu'elles mangent ; et comme elles ne faisaient de tort à personne… »

Certains clients s'adonnent à des transports amoureux dans leur camion. Ils font ainsi l'économie d'une chambre d'hôtel.

UN P'TIT BEN RAIDE

La Poule au Pot, Le Café Pierre, Le Grand Comptoir, La Cloche des Halles, La Vallée, Le Pied de Cochon, Le Père Tranquille, Le Chien qui fume, Au Beau Noir, Au Bougnat Blanc, Au Chou Vert… Ici, les cafés et les restaurants sont ouverts vingt-quatre heures sur vingt-quatre, prêts à accueillir les travailleurs des Halles.

Dès minuit, les percolateurs sont remplis de café et de lait et *Chez Clovis*, Françoise Cornut attend ses premiers clients : « Quand ils arrivaient, on leur servait le café dans de tout petits verres. On connaissait nos clients et on savait qui le prenait avec du lait, du calva, du kirsch, ou du cognac, comme la grand-mère de Lucienne Fabre qui commandait un *p'tit ben raide*. Après c'était le blanc cass' vers cinq heures du matin, puis ils attaquaient la tête de veau ou les tripes. Mon beau-père préparait aussi de grosses marmites de pot-au-feu, de petit-salé ou des saucisses chaudes qu'il mettait dans des sandwiches avec de la moutarde. Ils mangeaient ça debout au comptoir et repartaient finir de ranger et faire leur comptabilité. Ensuite, ils redescendaient vers deux heures de l'après-midi faire ce qui était pour eux un vrai repas, après quoi ils rentraient se coucher. Le samedi, comme les commerçants étaient contents de voir s'achever la semaine, c'était folklo, on n'en finissait pas. Tout le monde était heureux et buvait encore plus que d'habitude, c'était la fête ! »

"Vers minuit, on servait le café et vers cinq heures du matin, c'était le blanc-cass'."
(Ci-dessous, coll. part. ; double page suivante : photo Denise Colomb, © Ministère de la Culture, France)

Pour Claude Cornut, comme pour beaucoup de propriétaires de brasseries, la première boisson des Halles, c'est le champagne. C'est le quartier où l'on vend le plus de champagne en France, ce qui permet sans doute à l'un des représentants de Moët et Chandon de changer de voiture tous les ans.

Robert Maurice fréquente *La Cloche*, rue Mondétour : « Le patron, Nénès, était un gros Savoyard qui avait une préférence marquée pour le champagne Pommery : il en voyait passer dix mille bouteilles par an et on raconte même que le jour de son enterrement, on a glissé un Mathusalem de Pommery dans son cercueil ! »

Dans la catégorie restaurants très bon marché, les « bouillons » se placent en tête. Hélène Rémy garde le souvenir de l'un d'eux, installé rue Saint-Honoré : « On y servait des soupes ou des bouillons complets sur de grandes tables en marbre. La soupe était apportée dans une soupière, avec du pain pour pouvoir tremper, et le bouillon complet était un pot-au-feu, plat plus riche, servi dans une marmite plus grosse. »

Jamais le terme « pourboire » n'a été mieux justifié qu'aux Halles. Quand un acheteur veut remercier un commis ou un vendeur, il lui donne un bon pour aller boire dans un café de son choix : « Tiens, je t'ai laissé une action chez *Clovis*. » Dans d'autres maisons comme *La Tour de Montlhéry* ou *La Fauvette*, le système de l'ardoise fonctionne bien aussi. Les commis d'une maison boivent sur le compte de leur patron et celui-ci règle l'addition chaque semaine.

Le café, lieu de toutes les transactions, est aussi le lieu pivot autour duquel gravitent les employés d'une même maison. Ainsi *La Fauvette* sert de point de ralliement à la maison *Luce*, et René Brun participe au bon déroulement des opérations : « Ils arrivaient à minuit pour déposer la liste des achats à effectuer par chacun des acheteurs et ils me laissaient du liquide, trois paquets que je mettais dans un tiroir. Chaque employé devait avoir dans les cinq mille francs, car à l'époque, ils payaient tout en espèces. En 1962, vous voyez ce que ça pouvait faire ! ça représentait trois camions de marchandises. Les acheteurs partaient sans prendre l'argent, puis, quand les achats étaient faits et que les porteurs avaient enlevé la marchandise, ils repassaient prendre l'argent pour aller payer. C'était comme ça un peu partout. »

Certains cafés font également office de vestiaire : ainsi, *Chez Clovis*, deux mandataires viennent se changer tous les jours. A *La Tour de Montlhéry,* soixante-dix vestiaires sont à la disposition des tripiers qui, en échange, consomment sur place.

Bien que très mélangée, la clientèle des cafés réunit souvent des travailleurs d'un même secteur. Ainsi les volailleux fréquentent plus volontiers *La Vallée*, les poissonniers *Le Grand Comptoir*, les tripiers *Le Bougnat Blanc* ou *La Tour de Montlhéry,* les bouchers de la rue Montorgueil apprécient quant à eux *Le Nid d'Aigle.*

Odile Lavenarde et Fernand Devineau fréquentent ce café-tabac très animé : « Ici les clients se faisaient parfois voler leur portefeuille et le matin, il y avait souvent une descente de police. Des couples louaient des chambres pour quelques heures, souvent des vendeurs qui venaient rencontrer leur maîtresse alors que leur femme était sous les pavillons. Ils disposaient également d'un grand dortoir avec une quarantaine de lits de camp qui permettaient aux transporteurs de se reposer une heure ou deux pour un franc. Il y avait souvent de la bagarre, mais il suffisait de sortir dans la rue en criant "aux bouchers", ils arrivaient avec leur couteau et les mecs se débinaient. Dans le coin, c'est les bouchers qui faisaient la police ! »

FINIR LA NUIT AUX HALLES

« Quand ils sortaient du spectacle, les gens disaient souvent : "On va finir aux Halles". » Hélène Rémy revoit les enseignes lumineuses qui indiquent les bonnes adresses du quartier et sont prometteuses de fête et de bonne chère : *Pharamond, Le Pied de Cochon, Le Chien qui fume, Le Père Tranquille, L'Escargot Montorgueil, Chez Benjamin, Chez Clovis*… Au détour des menus, il faut choisir entre les tripes, les pieds de porc grillés, les escargots, la tête de veau et un cortège d'abats travaillés en sauce.

Smoking, chapeau claque, robe longue, étole de vison… le bourgeois est vite dans le bain de la gouaille parisienne : « Alors tu pousses ton cul, ma grosse ? » Beaucoup viennent résolument ici pour s'encanailler et se détendre, tels ces diplomates que Jacques Pierre côtoie au *Pied de Cochon* : « Ils venaient là pour échapper à l'ambiance coincée des ministères et ils n'étaient pas déçus. "Alors mon pote, tu la veux bien saignante ton entrecôte ?"… Bonjour la décontraction, adieu le protocole ! »

Malgré le langage un peu rude, l'accueil est chaleureux. Le long du chemin qui les mène au *Chien qui fume*, Hélène Rémy et ses amis connaissent les honneurs du *lazor* : « Allez le bourgeois, tu nous donnes ton chapeau ? » Les hommes s'exécutent et les commerçants remplissent les couvre-chef de pêches ou de cerises.

Qu'une jolie femme pointe son nez aux Halles, et c'est la fièvre qui s'empare du carreau. Margot Capelier se souvient de la vive émotion qu'avait soulevée la venue de la secrétaire de Daryl Zanuck : « Elle était belle comme les sept péchés capitaux

Bain de foule pour Mary Pickford et Douglas Fairbanks, en visite à Paris. ***(Coll. Celati)***

et nous étions suivies à la trace. Quelques-uns rêvaient sans doute de lui pincer les fesses mais ils n'osaient pas. Ils se contentaient de lui offrir qui un concombre, qui des herbes ou des fruits… en quittant les Halles, elle avait fait son marché ! »

Lorsqu'en visite à Paris, Mary Pickford et Douglas Fairbanks décident de venir terminer la nuit aux Halles, les Forts et les travailleurs des Halles leur réservent un accueil hollywoodien. La « fiancée de l'Amérique » et son époux se voient contraints de parcourir les Halles en cortège : Mary Pickford est hissée à bout de bras par quatre Forts des Halles qui vont jeter des gerbes de roses dans la voiture des artistes pendant que Douglas Fairbanks revient les bras chargés d'un homard et d'une langouste : ce que l'on a trouvé de plus somptueux au carré des crustacés.

Pour Marcelle Grandjean, l'ambiance est à son comble lorsque bouchers et travestis se croisent aux Halles : « Les bouchers faisaient volontiers la foire avec les "filles de bonne famille", ils les mettaient en boîte et quand l'un des travelos prétendait être une femme, les bouchers n'hésitaient pas à provoquer des bagarres en essayant de les déshabiller ! »

Pour conforter leur image de lieux de divertissement, certains restaurants engagent un orchestre. C'est le cas de *L'Alsace aux Halles* où Manuel Beltran va chanter tous les soirs : « Dans les années soixante, j'étais accompagné par deux guitaristes, on commençait vers vingt-deux heures et on terminait à l'aube. La clientèle était très mélangée mais c'était plus gai qu'au *Pied de Cochon* car on arrivait à faire chanter tout le monde. »

Un des nombreux restaurants ouverts toute la nuit : huîtres extra fraîches et soupe à l'oignon ! ***(© Archives Photo Paris)***

Dans le secteur de la rue Jean-Jacques-Rousseau, un établissement est particulièrement apprécié par le comédien Yves-Marc Gilbert et les gens du spectacle en général : *L'Épi d'Or.*

« Il ouvrait vers vingt-trois heures, ce qui nous permettait d'aller y souper en sortant du théâtre. On y croisait les Forts des Halles et les bouchers du coin qui commençaient leur journée avec un petit café pendant que nous dînions pour une somme modique, grâce à un "arrangement" entre le patron et des travailleurs des Halles. Ceux-ci détournaient des denrées au profit du restaurant, en échange de quoi ils étaient nourris gratuitement et nous, nous payions un prix ridiculement bas. Au fur et à mesure que la soirée avançait, des gens du spectacle arrivaient, comédiens, metteurs en scène ou spectateurs, et *L'Épi d'Or* devenait une véritable entreprise de casting. Je me rappelle y avoir trouvé des engagements tout à fait extraordinaires, au théâtre et à la télé. »

LES HALLES DANS LA TOURMENTE

LES HALLES ONT FAIM

Pendant la Seconde Guerre mondiale, à partir d'août 1940, les Parisiens vont éprouver rudement les effets des restrictions imposées par l'occupant. Le rationnement, qui concerne d'abord le pain, le sucre et les pâtes, s'étend bientôt à toutes les denrées.

A l'époque, le père de Claude Malheu est vendeur en gros au pavillon du poisson : « Les Allemands venaient se faire servir dès que la marchandise arrivait sous les pavillons, pour être sûrs d'avoir de la belle camelote. Les clients de l'hôtel Lutétia mettaient leurs bons sur les caisses qui les intéressaient. » A eux les belles soles et les turbots bien frais, les autres clients auront des maquereaux et des harengs et s'en contenteront, car les arrivages pendant la guerre se font plus rares.

L'armée d'occupation, ayant pour habitude de noyer son spleen dans la choucroute, jette son dévolu sur la maison *Hébert*, rue Montorgueil. Ce spécialiste en salaisons est invité à venir décliner ses cochonnailles sur les tables des cantines allemandes, en échange de quoi on lui laisse miroiter des possibilités d'approvisionnements gargantuesques. Victime de son refus de collaborer à l'amélioration du moral des troupes d'occupation, le père de Michel Hébert sera relégué au rang de commerçant non prioritaire : on lui livrera de la viande selon les stocks disponibles et seulement en contrepartie des tickets donnés par les clients.

Du côté des fruits et légumes, l'ambiance est assez morose. La production se ralentit car les maraîchers partent à la guerre puis, au moment de l'Occupation, les véhicules ont été réquisitionnés. Il faut faire la queue partout comme pour les autres denrées. Marcelle Laluque en fait l'expérience : « Il ne faut pas croire qu'en habitant les Halles, c'était plus facile. Il y avait des denrées sans ticket comme le rutabaga ou les carottes, mais on avait beau aller à quatre heures du matin dans les magasins de la rue Montorgueil, on pouvait se retrouver à midi sans avoir eu son rutabaga. »

Quant aux bananes, aucun arrivage ne parvient en métropole pendant la guerre. Renée Beltran, qui tient une mûrisserie rue Saint-Honoré, fera le premier déchargement de bananes en 1946 : « Les enfants nés en 1939 auront été privés de bananes pendant sept ans ! »

Page de gauche :* Sous l'Occupation, les arrivages étaient rares. Dames chics, soldats et petites gens : tous se retrouvaient sur le carreau pour tenter de s'approvisionner. *(© Harlingue-Viollet)

11 juillet 1944 : première journée de la nouvelle répartition des fruits et légumes. Les détaillants des secteurs désignés pour cette répartition se pressent aux Halles, pour recevoir leur "bon à enlever." ***(Coll. Celati)***

LE SYSTÈME D

Aux Halles comme ailleurs, le marché noir devient une pratique courante, à laquelle s'adonnent volontiers les particuliers aisés, et les bonnes adresses circulent vite. On cite le cas de ce boucher du quartier qui entretient des rapports cordiaux avec l'occupant, ce qui lui permet de disposer d'une quantité de marchandise suffisante pour aviver les convoitises du « tout-Paris » : Louise et Ernest Isoard se souviennent de ces acteurs qui débarquaient rue Saint-Honoré pour se procurer de la viande.

La maison *Dehillerin*, spécialiste des ustensiles de cuisine, se voit dévalisée en moules à pâtisserie, car c'est l'emballage idéal pour le transport du bon beurre frais que l'on se fait envoyer de Normandie.

Tout ceci n'est que broutilles à côté du véritable système D des commerçants des Halles : le troc. Sous les pavillons et dans les magasins, on se débrouille. Le système d'échange, généralisé en temps de paix, continue de prospérer, même si l'afflux de marchandises est moindre en période d'occupation. Le docteur Barra, propriétaire d'une pharmacie aux Halles, se voit même sollicité à cause du contingent de sucre dont il dispose pour préparer ses sirops. Une filière du beurre normand lui propose un petit échange…

8 février 1941 : un boucher des Halles offre aux malheureux un bol de bouillon qui est très apprécié à cette époque. ***(Coll. Celati)***

UN AVION S'ÉCRASE SUR LES HALLES

En 1943, André Lhomme est boulanger au 45, rue de l'Arbre-Sec. Dans la nuit du 23 au 24 septembre, il est réveillé par un bruit violent : le moteur d'un avion vient de tomber sur l'immeuble voisin. C'est un avion anglais abattu par la DCA au-dessus de la rue de Rivoli et qui, dans sa chute, s'est éparpillé dans tout le quartier : un moteur sur le 47, rue de l'Arbre-Sec, un autre sur le 5, rue Sauval, un affût de mitrailleuse sur une verrière du 115, rue Saint-Honoré.

« Dans les deux immeubles touchés par les moteurs, les habitants ne pouvaient plus sortir. Les engins avaient traversé trois étages et il a fallu l'intervention des pompiers pour évacuer les gens et ramasser les corps sur le toit. »

Pendant ce temps, la queue de l'avion brûle sur les Magasins du Louvre, après avoir traversé une véranda. Les occupants de l'avion, au nombre de sept, étaient de nationalités canadienne, anglaise et australienne. Une plaque apposée sur l'immeuble des anciens Magasins du Louvre, vers le 151, rue Saint-Honoré, leur rend hommage.

Septembre 1943, un avion allié abattu par la DCA au-dessus de la rue de Rivoli s'éparpilla dans tout le quartier et vint terminer sa chute sur les Magasins du Louvre. *(© Lapi-Viollet)*

Mi-août 1944 :
une barricade rue Saint-Honoré.
(© Harlingue-Viollet)

LES HALLES SOUS LES BARRICADES

Les Halles aussi ont leurs héros de la Résistance. Des hommes et des femmes qui s'activent dans l'ombre, comme Jacques Pierre qui fait partir de l'état-major du cinquième bureau et réunit tout son groupe dans un bistrot du quartier.

Des héros qui agissent à la lueur des mitrailleuses, comme le docteur Barra, médecin-pharmacien au 115, rue Saint-Honoré et qui fait partie des équipes de secours de la Croix-Rouge : « Vers le 15 août 1944, des barricades ont été installées par des résistants dans la rue de l'Arbre-Sec. Il y a eu des morts car les FFI tiraient sur les Allemands qui se trouvaient quai du Louvre et ceux-ci ripostaient de leurs chars. »

A la même époque, André Lhomme est témoin d'un autre affrontement, à quelques pas de là, rue du Roule : « Des FFI s'étaient réfugiés derrière des poubelles alors que des Allemands postés sur le Pont-Neuf leur tiraient dessus avec des mitraillettes. Une balle a traversé une des poubelles et l'un des garçons, nommé Camille, a été tué. »

Parmi les drames qui secouent le quartier et qui sont rapportés par le docteur Barra, certains connaissent un dénouement heureux : « Le 25 août au matin, on m'a amené une femme inanimée, qui avait été blessée par un de ceux que l'on appelait “les tireurs des toits”, qui étaient peut-être des gens de la milice. On l'a conduite à l'Hôtel-Dieu et, l'après-midi même, j'ai réussi à la faire ramener chez elle. C'était difficile, car les combats faisaient rage dans la rue de Rivoli : comme les troupes de Leclerc attaquaient les Allemands au ministère de la Marine et à l'hôtel Meurice, il y avait pas mal de victimes et les militaires étaient prioritaires. Heureusement, une voiture qui avait amené des blessés de la Concorde à l'Hôtel-Dieu a pu reconduire cette femme chez elle et moi, un peu plus tard… j'ai épousé sa fille ! »

BEURRE OEUFS FROMAGES
CHARCUTERIE

A la Libération,
la rue Montorgueil pavoisée.
(Coll. part.)

C'EST PAS UNE VIE, LES HALLES !

LA NUIT EST À CEUX QUI TRAVAILLENT

Page de gauche :
Les éplucheuses de haricots.
(Photo Robert Doisneau, © Rapho)

Dès vingt et une heures, les rideaux métalliques des magasins du quartier, les klaxons des camions et les cris des commis viennent rompre le silence, s'infiltrer dans les cages d'escalier et résonner dans les cours.

Louise Isoard est aux premières loges pour assister à un spectacle qui se donne tous les soirs sous ses fenêtres : dès minuit, une dizaine de personnes s'installent dans la cour pour éplucher des haricots verts et des pommes de terre et, sans doute pour couvrir le bruit désagréable d'une machine à écosser les petits pois, elles s'époumonent en chœur : « *Elle avait mangé une poignée de grains de café...* Alors moi, qui n'arrivais pas à dormir, je leur hurlais dessus : "Elle en a bouffé des kilos, depuis le temps que tu nous la chantes !" Les femmes qui faisaient ça étaient des clochardes qui gagnaient quatre sous et allaient les boire aussitôt en bas chez Jordan ; les bouchers les surnommaient les Girls ! »

Dans cette cour des miracles, les bouchers ne sont d'ailleurs pas en reste. A deux pas de là, dans un couloir de l'immeuble, l'un d'eux découpe de la viande toute la nuit : « Je m'endormais en comptant le nombre de côtelettes et je trouvais qu'il en coupait vraiment beaucoup ! »

Les amis de passage ne coucheront jamais plus d'une fois dans le quartier, les plaintes déposées au commissariat resteront lettre morte, certains investiront dans les boules Quiès, d'autres ne pourront plus aller à la campagne : « C'était trop calme, on n'arrivait plus à dormir ! »

LES PARFUMS DES HALLES

Hélène Rémy, qui arrive dans le quartier en 1943, garde un souvenir amusé de sa première nuit rue Saint-Honoré : « C'est l'odeur des poireaux qui nous a réveillés ! Avec mon mari, nous nous sommes précipités à la fenêtre pour découvrir, quelques mètres plus bas, un marchand de légumes installé sur le trottoir. »

Les parfums alléchants de légumes et de fruits frais qui arrivent de la campagne laissent parfois place à des effluves moins appétissantes. Pour Josiane Bougrhab, le summum est atteint certains dimanches du mois d'août, lorsque le soleil darde orageusement ses rayons sur des fraises, des melons pourris ou des tas fumants de cosses de haricots : « Tout le quartier baignait dans une odeur de pourriture qui donnait la nausée. »

On a beau vanter l'efficacité du nettoyage effectué quotidiennement à grand renfort de balais et de voitures arroseuses, certains « nez », comme celui de Mafalda Sudessi, ne s'y trompent pas : « Vous auriez pu me déposer dans le quartier les yeux bandés, je l'aurais immédiatement identifié, car même quand le pavé était nettoyé, il gardait les odeurs caractéristiques des Halles. »

LE LAVOIR DU PONT-NEUF

De tous les quartiers de Paris, celui des Halles est sans doute celui qui offre les contrastes les plus forts parmi la population qui y réside : ambiance glauque des immeubles vétustes situés dans les rues sombres du quartier : les rues Sauval, Vauvilliers, Tiquetonne ou, pire encore, autour du plateau Beaubourg ; ambiance cossue des immeubles bordant les rues de Rivoli, du Louvre ou Étienne-Marcel.

Jacques Pierre naît en 1911 dans une famille bourgeoise de la rue Étienne-Marcel : « A cette époque, nous avions pour nous chauffer une salamandre à roulettes que nous baladions de pièce en pièce. Le soir, nous la sortions de la salle à manger pour aller dégourdir un peu la chambre avant d'aller dormir. Elle marchait avec du charbon qu'un bougnat du quartier nous livrait et c'était presque un objet de luxe, car la plupart des gens n'avaient qu'une seule cheminée. Vers 1915, mon père a fait installer l'électricité, c'est sans doute un des premiers du quartier à l'avoir fait. »

Pendant ce temps, à deux pas de là, Émile Lebas continue de s'éclairer au gaz dans un immeuble modeste de la rue Saint-Sauveur et voit sa concierge monter tous les soirs à vingt-deux heures pour éteindre les lanternes de l'escalier.

Quand son épouse veut laver son linge, elle se rend la veille au grand lavoir municipal de la rue Dussoubs afin de réserver une place pour le lendemain : « On nous donnait un numéro et il fallait payer en fonction du nombre de seaux d'eau chaude et d'eau froide que l'on voulait. Après la lessive, ma femme ramenait le linge pour le faire sécher à la maison. »

La mère de Marcelle Messe habite rue Bailleul et elle se rend au bateau-lavoir du Pont-Neuf : « Le premier jour, elle portait son linge sale et le personnel du lavoir le faisait bouillir durant la nuit. Le lendemain, elle venait le laver et le rincer dans la Seine puis ils le faisaient sécher sur des cordes tendues sur le bateau-lavoir. »

Pendant ce temps, les enfants jouent au square du Vert-Galant en regardant passer les péniches.

Dans le quartier, les appartements sont souvent petits. Il est courant de voir une famille avec trois enfants vivre dans un espace de vingt-cinq mètres carrés. Le quartier regorge également d'hôtels meublés ou « garnis », réservés aux employés modestes et loués à la semaine.

Beaucoup d'ouvriers se partagent une chambre de bonne rue Montorgueil ou rue des Halles et partent habiter ailleurs dès qu'ils ont un peu d'argent.

L'état de délabrement de certains immeubles du quartier perdure jusque dans les années cinquante. Le docteur Barra, observateur privilégié, se rappelle une visite faite à un patient rue Sauval : « Il occupait un logement très vétuste sous les toits et il fallait presque se mettre à quatre pattes pour l'examiner ! » Le plateau Beaubourg fait figure de bidonville. Il sert de décharge pour les cageots et les emballages usagés et c'est le lieu de vie favori des clochards du quartier.

Les mandataires ont installé leurs bureaux dans les beaux immeubles du quartier mais ils n'habitent pas aux Halles. Ils sont, pour la plupart, installés en banlieue. C'est l'itinéraire de Marcelle et René Grandjean qui commencent respectivement comme vendeuse et caissier aux Halles en habitant dans une chambre de bonne de la rue Montorgueil et qui, devenus plus tard approvisionneurs, partent s'installer dans un pavillon à Fontenay-aux-Roses. Travaillant la nuit, ils circulent à l'inverse du flux habituel de la circulation et peuvent ainsi regagner leurs pénates en un temps record.

Le bateau-lavoir du Pont-Neuf, lieu de rendez-vous des mères de famille du quartier. ***(© Roger-Viollet)***

CHUT ! PAPA DORT…

Rue de l'Arbre-Sec, rue des Bourdonnais, rue de la Jussienne, rue Étienne-Marcel, rue Saint-Sauveur… les enfants se succèdent sur les bancs des écoles du centre et, quels que soient les itinéraires empruntés, le paysage est attrayant. Mais l'exercice très périlleux : enjamber au petit matin des tas d'immondices, veiller à ne pas glisser sur des trognons de choux, des tomates pourries ou des peaux de bananes… Mais aussi être salué chaleureusement par les commerçants ou les prostituées qui vous connaissent, alors que l'on est encore à moitié endormi, voilà qui met de bonne humeur pour toute la journée.

Yvon Le Roux, né dans le quartier en 1943, traverse les Halles par la rue Berger pour se rendre à l'école de la rue Étienne-Marcel : « Celle de la rue des Bourdonnais était plus près mais elle avait mauvaise réputation à cause des élèves qui avaient des flingues dans leur cartable. Il est vrai qu'après la guerre, on trouvait facilement des armes qui avaient été camouflées dans le quartier. Mes parents étaient concierges d'un immeuble où habitaient les patrons du *Cygne de la Croix*, à l'angle des rues Berger et de la Lingerie et il n'était pas question pour moi d'aller à l'école sans prendre mon petit déjeuner dans leur café ! »

Les écoles du quartier sont fréquentées dans une proportion importante par des enfants de commerçants. Comme disent les Auvergnats des Halles : « Ici, on fait les gosses dans les escaliers », et s'ils prennent à peine le temps de les faire, ils n'ont pas beaucoup de temps non plus à consacrer à leur éducation. Nombre de ces enfants sont placés en nourrice et quand vient l'âge de la scolarité et du retour au bercail, ils sont expressément conviés à une cohabitation discrète. Les mères doivent mettre au point toute une logistique pour que la vie de famille ne tourne pas au psychodrame.

Le Cygne de la Croix où, enfant, Yvon Le Roux prenait son petit déjeuner tous les matins. ***(Photo M. Desjardins, © Top)***

Renée Beltran, qui fréquente l'école de la rue Brise-Miche, fait toujours, au retour, une halte au square de la tour Saint-Jacques : « Les mères nous faisaient goûter là, pour que les pères puissent dormir un peu l'après-midi. On rentrait vers cinq ou six heures, au moment où le père se levait pour dîner. Dans la journée, c'était toujours "Chut ! papa dort." Pour la mère, c'était épouvantable car de temps en temps le père se levait furieux et faisait tout valser. Moi, on m'a mise en nourrice à trois mois parce que mon père voulait me foutre par la fenêtre tellement il était fatigué. J'y suis restée jusqu'à l'âge de cinq ans… »

Quand les deux parents travaillent au rythme des Halles, l'incitation à l'autonomie est encore plus forte. Le petit Jean Picault habite rue Étienne-Marcel et fréquente le collège Massillon. « J'étais debout à sept heures et après avoir déjeuné rapidement, je traversais les Halles pour aller réveiller mon copain qui était le fils du *Chien qui fume*. Comme son père s'était couché très tard ou plus exactement très tôt, c'est moi qui faisais office de réveil-matin. Je filais acheter des croissants et je prenais un second petit déjeuner avec lui. Après quoi nous allions prendre un troisième larron qui était à la boucherie de la rue Vauvilliers et nous partions alors seulement à Massillon. Là, nous étions accueillis par un "Ah ! Évidemment, les gens des Halles sont toujours en retard !" »

CAGEOTS, BATEAUX ET TOURS DE FIACRE

Nombre de squares et de jardins sont proches des Halles et offrent aux enfants du quartier des espaces de jeux enviables. Le Palais-Royal, les Tuileries, le square des Innocents, le square de la Tour-Saint-Jacques… sans oublier la proximité immédiate de la Seine qui, à elle seule, est promesse d'aventures.

Dans la première moitié de ce siècle, le calme qui règne dans les rues du quartier le jour autorise même les jeux dans la rue. Ainsi, Marcelle Messe, petite fille des années vingt, passe la moitié de son temps à jouer dans la rue Bailleul : « Il y avait un marchand de fromages qui ouvrait tôt pour servir les restaurateurs et, en fin de journée, il louait un fiacre et nous emmenait faire un tour dans Paris. Mon père, qui était garçon de café, avait un jour de congé par semaine et il en profitait pour nous offrir une promenade sur la Seine avec les bateaux parisiens, ancêtres des bateaux-mouches, qui allaient à Saint-Cloud dans un sens et à Alfortville dans l'autre sens. »

Marcelle Messe fréquente aussi régulièrement le jardin des Tuileries où, entre deux tours de balançoire, elle peut aller laver ses baigneurs dans l'eau du bassin.

Pour Marcelle Laluque, la récompense du jeudi consiste à pouvoir accompagner sa mère aux Halles vers neuf heures du matin : « On allait chez un commerçant de la rue Montorgueil qui vendait de la volaille vivante. Ma mère la tuait dans sa cuisine, elle avait l'habitude car elle venait de la campagne. Mais ce que je préférais par-dessus tout, c'était le mimosa qui arrivait de la Côte d'Azur. »

Comme ailleurs, les enfants des Halles jouent beaucoup dans la rue, aux billes dans le caniveau, à la marelle sur les trottoirs et avec tout ce qui leur tombe sous la main ; ici, ils ont l'embarras du choix : cageots, cartons, paille servant à emballer les œufs… la panoplie complète pour organiser de superbes bagarres.

JEUX INTERDITS

Aux Halles, les jeux interdits naissent, comme souvent, du détournement des objets de leur usage initial.

Sous les pavillons, Jean Chèze a une prédilection pour l'ivresse des hauteurs : « Le pavillon aux légumes qui se trouvait en face du *Pied de Cochon* avait un espace réservé aux paniers à cresson. Ils étaient suspendus à trois ou quatre mètres du sol et on trouvait très amusant de se hisser dedans pour se cacher ; quand les copains arrivaient, on se laissait descendre sur eux avec les paniers. Quand j'y pense, on aurait vraiment pu se tuer ! »

Des wagonnets sont entreposés devant les pavillons pour recueillir les détritus et une voiture motrice vient les tracter en les accrochant les uns derrière les autres. C'est le moment que choisit Yvon Le Roux pour jouer aux cow-boys et aux Indiens en y grimpant : « Un jour, j'ai glissé sur un des croisillons, trois voitures me sont passées dessus et je me suis retrouvé avec un trou dans la jambe ! »

Un autre jeu fait fureur aux Halles : c'est à celui qui trouvera un rat le premier… si l'on ose se glisser dans les sous-sols, les parties sont brèves ! Du côté des pavillons, la fréquentation des sous-sols est bien sûr interdite et fait donc partie d'un challenge entre les jeunes garçons du quartier : « T'es pas cap' d'y aller !… » Pari d'autant plus excitant que les policiers y exercent leur vigilance. Malgré ces difficultés, Jean Chèze réussit à s'y faufiler : « C'était comme un gigantesque gruyère. Vous partiez de la rue Berger et vous arriviez vers la rue Saint-Denis. On organisait des bagarres avec ceux de la bande Saint-Merri, quand on ne se faisait pas courser par les flics ! »

Sous les paisibles bacs à sable du square des Innocents, des sous-sols impressionnent fortement le jeune Yvon Le Roux : « Grâce à une porte connue des initiés, on pouvait descendre sous le square. C'était profond et rempli d'armes, surtout des épées ! »

Page de gauche :
Pour les gamins délurés, les Halles offraient un merveilleux terrain d'aventures.
(© Roger-Viollet)

LES HALLES VILLAGE

Ce quartier réputé invivable recèle quelques avantages appréciés unanimement par ses habitants. Il règne aux Halles une convivialité assez peu commune. Ici, on ne prend pas toujours la peine de fermer à clé les appartements. Renée Beltran, qui travaille dans les sous-sols de sa mûrisserie rue Saint-Honoré, laisse ouverte la porte de son appartement du deuxième étage.

Jacques Pierre, lui, ne ferme pas sa voiture : « Les Forts qui faisaient un peu la police connaissaient les véhicules du quartier et les déplaçaient comme ils voulaient. »

Parmi les avantages acquis, il en est un qui est loin d'être le plus négligeable : c'est celui de se nourrir à moindre frais. Les riverains peuvent aller faire leur marché à la cloche, comme tous les particuliers, mais beaucoup se débrouillent pour bénéficier du traditionnel *lazor*.

Louise et Ernest Isoard, jeunes mariés des années trente, ne vivent pas dans l'opulence : « On récupérait toujours quelque chose à manger. A l'époque, tout le monde s'aidait, à chaque porte, il y avait un marchand de légumes qui vous proposait une poignée de haricots verts ou des bananes pour un prix symbolique. Plus tard, les mômes revenaient avec des cerises plein les poches. »

Dans les années soixante, la pratique a toujours cours. Jean et Raymonde Chèze se promènent munis d'un petit sac : « Les commerçants qui nous offraient de la marchandise n'avaient pas de quoi l'emballer. »

A l'angle de la rue Saint-Honoré et de la rue du Pont-Neuf, le boulanger est très serviable. Yvon Le Roux lui confie le poulet dominical, qu'il met à rôtir dans son four.

FOIE GRAS, LOUKOUMS ET COPROPRIÉTÉ

Dans la journée, le quartier des Halles échappe à la léthargie grâce à l'activité de quelques grands magasins, de boutiques spécialisées en vêtements et matériel professionnels et de marchandes de quatre-saisons.

Robert Maurice a bien connu ces « marchandes de quat' », veuves de guerre ou cas sociaux ayant reçu une concession qui leur permet, en principe, de ne vendre que ce qu'il y a dans leur charrette. « Certaines avaient tout de même de la marchandise de côté, dans une remise, ce qui leur permettait de regarnir leur charrette quand elle était vide. Elles avaient la répartie plutôt assassine et l'une d'entre elles, installée rue Rambuteau, avait rétorqué à une cliente qui se plaignait de l'utilisation de papier-journal comme emballage alors que les règles d'hygiène l'interdisaient : "Moi ça fait trente ans que je me torche le cul avec ça et j'ai jamais été malade !..." »

La mère d'Yvon Leroux fait ses achats à la *Maison Rouge*, vers la pointe Saint-Eustache et ne se laisse pas impressionner par l'ambiance : « Quand elle demandait un rôti, on le voyait voler de garçon en garçon jusqu'à la caisse et, s'il ne lui convenait pas, il repartait dans l'autre sens selon le même procédé. »

A quelques pas de là, mais dans une ambiance légèrement plus distinguée, les maisons *Nortier* et *Battendier* proposent des produits haut de gamme. *Nortier* fait le commerce du fromage et Jacques Pierre est conquis par le professionnalisme de la maison : « Chez eux, il y avait deux étages de caves d'affinage. Quand vous achetiez votre camembert, on vous demandait si c'était pour manger le lendemain midi ou le lendemain soir. Des garçons palpaient les fromages et les changeaient de place selon leur degré de maturité. C'était un magasin très réputé, auprès duquel se fournissaient certains restaurants. »

La maison *Battendier* est un traiteur de luxe qui propose de la charcuterie fine et des plats cuisinés : « Une seule personne était habilitée à découper le foie gras, c'était un rituel presque religieux. »

Pour les amateurs d'exotisme et de saveurs orientales, il existe un lieu très couru aux Halles, c'est la maison *Antoine*, rue Saint-Honoré. Quand Nicolas Tavantzis achète le « magasin » en 1954, il s'agit d'un demi sous-sol en fond de cour, « tellement petit que lorsqu'il y avait trois clients, les autres devaient attendre à l'extérieur ». Olives et féta de Grèce, huile d'olive d'Espagne, fruits secs d'Afrique du Nord, cûchuk de Turquie… les produits sont prélevés directement à la sortie des bidons ou des caisses et servis en vrac. Le rapport qualité-prix est imbattable et l'adresse circule dans toute la région parisienne. « Dans la clientèle, il y avait des Arméniens arrivés d'Asie mineure en France en 1921 et qui mangeaient oriental, des Grecs, des Turcs, des Espagnols, des Italiens, des Portugais et des pieds-noirs d'Algérie, de Tunisie et du Maroc. Je me souviens d'une veille de Noël où la cour était pleine et où l'on entendait presque toutes les langues du monde, c'était la tour de Babel ! Il pleuvait, les clients faisaient la queue dans la cour avec leurs parapluies et des passants ont cru que c'était une manifestation. »

A six heures du matin, les copropriétaires dont les fenêtres donnent sur la cour sont assez peu sensibles aux charmes de l'Orient et utilisent un esperanto plutôt expéditif : celui de la bassine d'eau chaude versée sur la tête des clients. Nicolas Tavantzis fait figure de martyr, sacrifié sur l'autel du loukoum : « Ils se croyaient dans le seizième arrondissement et on a souffert pendant quinze ans, jusqu'à ce que j'aie un magasin sur rue. »

SABOTS, COUTEAUX ET BELLES COCOTTES

Les conditions de travail aux Halles sont difficiles et des commerces installés dans le quartier se sont donné pour vocation de faciliter la vie des travailleurs qui se démènent toute la nuit sur le carreau, sous les pavillons ou dans les magasins. Les établissements *Braillon* proposent, rue Berger, des vêtements de travail : blouses, pantalons de toile, chemises, tabliers de bouchers, vestes de cuisiniers, sabots en tout genre, etc.

Duthilleuil et Minard, rue de Turbigo, habille principalement les personnels de la restauration et de l'hôtellerie.

Pour ce qui concerne le matériel de restauration et le commerce alimentaire, plusieurs maisons sont également présentes dans le quartier : *MORA, La Cuisine Nouvelle, Simon* et *Dehillerin.*

La maison *Dehillerin*, fondée au siècle dernier, présente un grand choix d'ustensiles de cuisine : couteaux, casseroles, belles cocottes en cuivre et objets difficilement identifiables pour le néophyte. Jacques Pierre et Jean Dehillerin y travaillent à l'époque des Halles : « Quand on arrivait à sept heures du matin, il y avait encore des légumes devant la vitrine mais c'était l'heure où l'activité des Halles allait vers sa fin et les restaurateurs qui avaient achevé leurs affaires atterrissaient chez nous, surtout s'ils avaient fait de la "gratte". Ils débarquaient et nous disaient : "Tiens, aujourd'hui il me reste de l'argent, je vais m'acheter un beau couteau." Vers dix heures du matin, les camions de légumes avaient dégagé la terrasse et nous pouvions installer des tréteaux et mettre en exposition quelques ustensiles de cuisine qui correspondaient aux saisons : quand c'était l'époque des salades, par exemple, il fallait penser à sortir les passoires. »

Dans les années cinquante, la clientèle des collectivités s'organise en coopératives et déserte les lieux, laissant place à de nouveaux clients, comme l'état-major américain basé dans la région parisienne. Ses membres sont amateurs de cuisine française et adorent venir dans ce magasin où le matériel est exposé, où l'on peut tout prendre en main, soulever et soupeser. De plus, les vendeurs ne sont pas avares de conseils : « Pour bien cuire un bifteck il faut utiliser une poêle en tôle noire, surtout pas une poêle en cuivre, et le cuire à feu vif ! » Le bouche à oreille fonctionnant bien aux États-Unis, *Dehillerin* devient progressivement un magasin incontournable pour les touristes américains de passage à Paris.

AU BONHEUR DES DAMES

Dans le périmètre immédiat des Halles, les grands magasins forment un rempart qui débute rue du Louvre et se termine au Pont-Neuf.

Rue du Louvre, *Manufrance* est réputé pour les armes et les fameux vélos Hirondelle tandis que *Saint-Frères* est spécialisé dans les bâches et les cordages.

Rue du Pont-Neuf, *La Belle Jardinière* habille volontiers les hommes, ecclésiastiques compris. En face, *La Samaritaine* fait figure de monument. C'est là que se précipitent les femmes de mandataires qui ont terminé leur nuit de labeur. Pour certains travailleurs qui évoluent dans un univers essentiellement masculin comme celui de la boucherie, *La Samaritaine* fait figure d'immense gynécée où les vendeuses « sentent bon comme des coiffeuses » et sont plus élégantes que celles des Halles. « Tiens, je vais aller me faire une samar », c'est la formule de guerre lancée parfois par les employés de Christian Dubois quand ils quittent la *Boucherie Première.*

Pour les clientes les plus fortunées ou les plus exigeantes, il existe à deux pas de là un dernier temple de la consommation et de la mode parisienne : *Les Magasins du Louvre*. Marcelle Messe y entre comme vendeuse dans les années vingt : « C'était magnifique, le premier étage qui était dévolu aux articles de luxe avait une décoration particulièrement raffinée. Au rez-de-chaussée, où j'ai longtemps travaillé, il y avait trente-sept vendeuses pour servir uniquement du ruban, car à l'époque, on en mettait partout : garnitures de chapeaux, lingerie, draps, etc.

« Comme on était payées à la guelte, il fallait sauter sur la cliente et ne pas la

Les illuminations de Noël aux Grands Magasins du Louvre.
(© Boyer-Viollet)

laisser partir sans achat car un inspecteur la rattrapait et lui demandait pourquoi elle n'avait rien acheté. Si elle se décidait à acheter quelque chose avec l'inspecteur, la vendeuse qui avait "manqué de conviction" était renvoyée.

« Un tiers des employées habitaient le quartier, les autres venaient parfois de loin et si elles ne faisaient pas de bonnes gueltes, une fois payés le transport et le repas de midi dans une des crèmeries du quartier, il ne leur restait pas grand-chose. »

NOTRE-DAME DES HALLES

Saint-Eustache, Saint-Leu-Saint-Gilles, Saint-Germain-l'Auxerrois, Saint-Merri… les paroissiens des Halles ont l'embarras du choix. Même si, vus sous un certain angle, les pavillons Baltard lui volent la vedette en la masquant partiellement, l'église Saint-Eustache, placée au cœur du marché, reste la paroisse des travailleurs des Halles. Bâtie entre 1532 et 1637, située non loin du Louvre et du Palais-Royal, elle a vu défiler dans ses murs Louis XIV qui y fit sa première communion, Lully

Messe à Saint-Eustache.
(Photo Robert Doisneau, © Rapho)

qui s'y maria, Richelieu, Molière et la marquise de Pompadour qui y furent baptisés. Symbole magnifique de ce quartier où se mélangent toutes les classes de la société, elle mérite bien le titre d' « église paroissiale et royale » qu'elle eut jusqu'à la Révolution mais également celui de « Notre-Dame des Halles », de par ses dimensions imposantes, comparables à celles de Notre-Dame-de-Paris.

Après avoir retroussé leurs robes, marché sur les trognons de choux, contourné les wagonnets de poubelles, les communiantes et les mariées du quartier sont mises au défi de pénétrer dans l'église vêtues d'une robe blanche immaculée. Si tout s'est bien passé à l'aller, elles subiront une nouvelle épreuve en sortant de l'église par le portail de la rue du Jour, quartier des bouchers, où elles esquisseront quelques entrechats pour éviter les flaques de sang qui s'étalent sur la chaussée.

Même si les travailleurs des Halles ne se distinguent pas par une pratique religieuse excessive, quelques femmes de mandataires, décorées comme des arbres de Noël, vont régulièrement faire leurs dévotions à Saint-Eustache.

Les prêtres de la paroisse essaient aussi de ramener sous leurs ailes quelques brebis effarouchées par la solennité des lieux, comme ces charcutières que côtoie

Jacques Pierre : « Elles avaient honte à l'idée d'entrer dans une église en portant des vêtements maculés de sang, alors le père Samson, qui savait se montrer indulgent avec les travailleurs des Halles, les encourageait à venir dire une petite prière en relevant leur tablier. »

Depuis sa construction, la paroisse de Saint-Eustache a toujours bénéficié de la prospérité du centre marchand. Même si l'importance des donations n'est pas comparable à ce qu'elle était sous l'Ancien Régime, quelques corporations font encore acte de générosité et Jacques Pierre garde un souvenir émerveillé de certains offices : « Tous les ans, à l'approche de la Toussaint, l'église était pleine à craquer et je me souviens en particulier d'une magnifique messe, chantée avec chœurs et orgue, qui avait été organisée par le syndicat de la charcuterie, pour tous les morts de la profession. Comme il y avait pas mal d'argent chez les charcutiers, le curé avait pu réunir des choristes de premier plan. » Toute l'année, les charcutiers sont à l'honneur à Saint-Eustache car la chapelle Saint-André possède un vitrail offert en 1944 par le *Souvenir de la charcuterie française* qui y fait dire une messe par mois. Au cours de l'une de ces messes, une vingtaine de tables sont dressées, présentant les chefs-d'œuvre des maîtres charcutiers.

A partir des années cinquante, le père Joseph de Tinguy loge dans l'église et fait aussi office de guide touristique pour les visiteurs qui désirent connaître Saint-Eustache. Il commente avec érudition et talent les tableaux et les sculptures exposés dans l'église, comme ce portrait sculpté par Tuby, représentant Cureau de la Chambre, qui « soignait Louis XIV et sa cour à coups de clystères et de saignées ». Un jour, en fin de visite, une commerçante des Halles, pensant avoir enfin trouvé un remède à ses douleurs, s'adresse au prêtre : « Ma fois, si ça coûte pas trop cher, je vous demanderais bien quelques clystères, m'sieur l'curé !… »

Le père de Tinguy côtoie beaucoup de touristes étrangers, comme cet Américain, persuadé que la vierge sculptée par Jean-Baptiste Pigalle est vouée aux prostituées des Halles et de Pigalle !

Aux Halles, les prostituées vont cependant plus volontiers à Saint-Leu, rue Saint-Denis, où la sœur Hudo les invite à boire un coup et organise une fois par mois un repas, pour celles qui le désirent. Certaines restent néanmoins fascinées par la majesté de Saint-Eustache, telle cette jeune femme qui vient se faire baptiser et déclare être danseuse. Comme le père de Tinguy l'a déjà aperçue faisant le trottoir rue du Cygne, il lui demande insidieusement si elle danse dans *Le Lac des cygnes* !…

La beauté du lieu, après avoir suscité quelques chefs-d'œuvre dans le domaine pictural, a su inspirer également certains artistes du septième art, comme ce cinéaste venu demander au bureau d'accueil l'autorisation d'y tourner un petit film documentaire : « Quelques instants plus tard, on pouvait voir une jeune femme installée près de l'autel, plumer un poulet et commencer à se dépouiller elle-même de ses vêtements. On a juste eu le temps d'y mettre le holà : il s'agissait d'un documentaire d'un genre un peu spécial, en tout cas, pas très catholique ! »

Le mariage de Françoise Cornut à Saint-Eustache. Ne pas tacher sa belle robe relève de l'exploit ! ***(Coll. part.)***

LA DERNIÈRE NUIT

Les restaurants affichent complet, la soupe à l'oignon coule à flots, les pétards explosent…

Accompagnée par la fanfare des Beaux-Arts qui s'est déplacée pour l'occasion, la foule des Halles danse, boit et reprend en chœur les classiques du répertoire paillard ou les chansons d'Aristide Bruant. Dans cette nuit du 28 février 1969, le quartier prend des allures de 14 juillet mais c'est pour mieux dissimuler sa nostalgie : les Halles vivent leur dernière nuit.

Pourtant, pendant leurs huit siècles d'existence, elles ont toujours su résister aux attaques qui avaient pour cibles les problèmes d'hygiène, de circulation, de fraude ou de manque d'espace. Chaque époque a suggéré des solutions qui sont restées lettre morte. Si l'on remonte au début du siècle, les propositions sont assez radicales et ne manquent pas d'étonner : installation des Halles sur un gigantesque dôme érigé au-dessus du lit de la Seine, entre le pont de Bercy et le pont National ; transfert des Halles dans le Jardin des Plantes après la création d'un zoo dans le bois de Vincennes, construction de pavillons supplémentaires de sept étages ou encore installation des Halles à l'emplacement de l'actuel héliport d'Issy-les-Moulineaux…

Fontaine des Innocents.
La fanfare des Beaux-Arts offre aux Halles une dernière aubade.
(© Keystone)

Dans les années cinquante, les études s'orientent définitivement vers un transfert en banlieue. Premier critère : disposer d'une superficie de deux cents hectares. Plusieurs communes sont sur les rangs et le 14 mars 1960, le Comité interministériel d'aménagement de la région parisienne porte son choix sur Rungis.

Après une succession de contretemps, le « déménagement du siècle » a lieu dans la nuit du 28 février 1969 : vingt mille personnes, mille entreprises de gros, dix mille mètres cubes de matériel et cinq mille tonnes de marchandises, à bord de mille cinq cents camions…

Les fleuristes joueront les éclaireurs, suivis de la marée, des fruits et légumes et des B.O.F. En un week-end, le déménagement est exécuté sans incident, grâce à une logistique sans faille.

La beuverie générale de ce 28 février a des accents de requiem : on sait déjà que tout un pan du folklore propre aux anciennes Halles est condamné à mort : les gardeuses, les marchands d'étiquettes, de papiers, de ficelle, de feuillage, tous ces petits métiers qui faisaient vivre nombre de gens à l'ombre des grands commerces n'iront pas à Rungis, la plupart des Forts seront « recasés » dans l'administration de la préfecture de police ; quant aux prostituées, peu d'entre elles se lanceront sur le macadam flambant neuf de la banlieue sud.

Dans la nuit du 28 février 1969 commence "le plus grand déménagement du siècle" : après huit cents ans d'existence au cœur de Paris, les Halles partent pour Rungis. ***(© Keystone)***

Pour certains employés, attendus à leur poste dès le lundi 3 mars, c'est un déchirement insupportable. Renée Beltran en fait la douloureuse expérience au sein même de sa mûrisserie de bananes : « Durant la dernière nuit des Halles, Paul, notre employé, répétait sans cesse : "Moi, j'irai pas à Rungis, non, j'irai pas à Rungis…" et dans la nuit, il est mort d'un infarctus à trente-sept ans ! »

Les cafetiers-limonadiers des Halles sont sinistrés. Seuls quelques-uns peuvent aller s'installer à Rungis. Un café comme *Le Père Tranquille* passe de six employés à un seul, du jour au lendemain, car le secteur rue Pierre-Lescot est l'un des premiers touchés.

Du côté de la Bourse du Commerce, les cafés survivent pendant plusieurs années grâce aux produits carnés dont la vente se poursuit dans quelques pavillons, mais lors du second déménagement, en janvier 1973, c'est le désastre, comme l'explique Jack Paul : « Des rues comme la rue Vauvilliers ou la rue Sauval qui avaient quatre ou cinq bistrots se sont retrouvées exsangues du jour au lendemain. Vous avez beau être le meilleur commerçant du monde, le jour où plus personne ne passe devant votre porte, c'est fini !… »

Claude Cornut du restaurant *Chez Clovis* en fait l'amère constat : « Mon père qui avait toujours travaillé dans le quartier employait alors une quinzaine de personnes et le lendemain du déménagement de 1973, nous avons fait deux couverts ! Il se retrouvait avec quinze employés sur les bras et je le revois en train de pleurer à deux heures du matin, avec d'autres personnes du quartier, regardant les Halles désertes, noyées dans un silence implacable. Il ne s'en est d'ailleurs jamais remis. »

C'était pas une vie, les Halles… mais c'était tout de même bon de pouvoir y finir la nuit, sous l'œil bienveillant des cafetiers.
(Photo Denise Colomb, © Ministère de la Culture, France.)

SKI aux HALLES

AMBIANCE AUTOUR DU VIDE

PARADIS PERDU

« Pour dire vrai, le marché des Halles centrales était la dernière image du Naturel dans la ville, il est maintenant un Paradis perdu. » Ce commentaire accompagne une sculpture polychrome de Raymond Mason qui se trouve à Saint-Eustache : *Le Départ des fruits et légumes du cœur de Paris, le 28 février 1969.*

Renée Beltran pense avec tristesse à ce paradis perdu : « Les Halles étaient un cocon dans lequel je vivais depuis quarante-huit ans. Quand on m'en a éjectée, j'avais l'impression d'être un bateau à la dérive. Je ne reconnaissais plus rien. Ce sentiment d'appartenir à une même famille avait disparu. Finis les rapports de confiance et d'entraide qui régnaient aux Halles : à Rungis, c'était la jungle. Les premiers temps étaient d'autant plus durs que, les mûrisseries n'étant pas terminées à Rungis, il nous fallait continuer à faire mûrir les bananes rue Saint-Honoré pour les emmener ensuite là-bas. Pendant deux mois nous n'avons pratiquement pas dormi. »

Tous les commerçants restés aux Halles tombent sous le coup de la réglementation dite du « périmètre protégé ». Il s'agit d'une vaste zone, englobant Paris et une partie des départements limitrophes, à l'intérieur de laquelle nul commerce de gros ou de demi-gros susceptible de concurrencer Rungis ne pourra s'installer. Cela revient à interdire aux commerçants de vendre de la marchandise qui serait destinée à être revendue en l'état : elle doit être transformée (le beurre fondu, les œufs cassés etc.). Aussi les clients principaux sont-ils les restaurateurs. Jean Picault qui continue à exploiter son commerce de B.O.F. rue Rambuteau, a gardé sa clientèle de charcutiers : « Nous avons bien travaillé jusqu'au départ de la viande car les charcutiers utilisaient beaucoup de nos produits. »

Rue Montorgueil, les salaisons *Hébert* ressentent un contrecoup au lendemain du 28 février : « Quand les Halles ont déménagé, soixante-dix pour cent de nos clients croyaient que tout était fermé et que nous étions partis aussi. Quelques mois plus tard, ils étaient étonnés de nous voir encore là car ils n'avaient pas fait la différence entre le gros et le détail. Sur le coup, notre chiffre d'affaires s'en est res-

Page de gauche : **Une petite descente à ski sous l'un des pavillons Baltard ? Avis aux amateurs : la piste mesure cent mètres de long sur dix mètres de large et offre un dénivelé de dix-huit mètres.** ***(© Keystone)***

senti, puis nous avons eu une nouvelle clientèle d'Antillais à cause de la proximité de la poste du Louvre. »

Dans leur poissonnerie rue des Prêcheurs, Henriette et Marcel Normand font la pêche miraculeuse… aux clients qui ne veulent pas aller à Rungis. Ils voient leur clientèle doubler du jour au lendemain. Le vendredi matin, les gens font même la queue dans la rue !

Les prostituées, elles, continuent d'occuper leur fief, mais elles s'aventurent aussi dans des secteurs où l'on n'avait pas l'habitude de les voir précédemment, comme dans la rue Saint-Honoré, au niveau de la rue du Roule.

A *La Fauvette*, rue Saint-Honoré, René Brun les voit évoluer dans une ambiance très familiale : « J'ai eu une cliente qui s'appelait Simone et qui travaillait dans le coin. De temps en temps, elle jouait à la belote avec nous puis elle nous quittait pour rejoindre un client, quelqu'un la remplaçait et quand elle avait fini, elle reprenait sa place. Personne ne posait de question, c'était naturel. Tout le monde la connaissait dans le coin ; mon fils l'appelait "tata" et elle lui faisait souvent des cadeaux. »

Les cafés qui sont restés aux Halles adaptent leurs horaires à la nouvelle clientèle et connaissent des fortunes diverses. La *Tour de Montlhéry* continue à servir des demis de champagne pour les commerçants comme Jean Picault, qui reviennent de Rungis sur le coup de cinq heures du matin. Quant à Nénès, le patron de *La Cloche*, il a manifestement quelques réticences à satisfaire les goûts de la nouvelle clientèle qui a délaissé le ballon de rouge et le demi de champagne pour des boissons moins alcoolisées mais, de son point de vue, beaucoup plus nocives. A un jeune client qui lui commande un coca-cola, il ne peut s'empêcher de lancer : « T'as une ordonnance ? »

"Le Départ des fruits et légumes du cœur de Paris, le 28 février 1969", de Raymond Mason (église Saint-Eustache).
(© Keystone)

THÉÂTR' HALLISSIMO !

Puisque le quartier des Halles a perdu la fonction marchande qui lui était assignée depuis des siècles, il faut lui trouver une nouvelle vocation. Le général de Gaulle donne le ton en souhaitant « une opération grandiose destinée à marquer le siècle », les architectes et urbanistes donnent libre cours à leurs délires les plus mégalos. Les premières idées s'inspirent largement des principes du plan Voisin de 1925 où Le Corbusier proposait de raser le centre de Paris pour y installer une cité d'affaires d'avant-garde, rythmée de tours de bureaux et de larges voies de circulation. On accuse alors les architectes de vouloir faire un « Los Angeles sur Seine », des associations de défense du quartier des Halles se créent et veulent s'orienter vers une restauration plutôt que vers une rénovation. La polémique qui oppose l'État et la municipalité subit de multiples rebondissements et, en attendant le démarrage des travaux, le conseil municipal autorise que des activités se déroulent sous les pavillons.

Dès le printemps de 1969, un déferlement d'événements artistiques va redonner vie aux pavillons abandonnés et leur conférer une dimension artistique. Bals, concerts, expositions et représentations théâtrales s'y déroulent. Une exposition Picasso accueille soixante-dix mille visiteurs, Jean Danet et les tréteaux de France s'installent dans le pavillon n° 12. On peut y voir un spectacle du Piccolo Theatro de Milan, *La Putain respectueuse* de Sartre, *Orden* de Bourgeois mis en scène par Lavelli, *Électre* de Sophocle…

L'événement théâtral, qui est une révélation et reste dans toutes les mémoires, est l'*Orlando Furioso* mis en scène par Luca Ronconi. Olivia Cherki fait partie des heureux spectateurs : « Il n'y avait pas de scène, les acteurs étaient sur des praticables qui se déplaçaient parmi le public. On était debout et l'on suivait l'évolution des comédiens : le spectacle était en vénitien donc nous ne comprenions pas un mot mais c'était tellement beau que tout le monde était fasciné. C'est l'un des spectacles les plus fabuleux qu'il m'ait été donné de voir. »

SKIEURS, DAUPHINS ET ART DÉCO

Dans l'ambiance délirante qui règne alors aux Halles, les sportifs ne sont pas en reste. Ils ont chaussé leurs skis et se payent une petite descente sur la piste en plastique installée sous l'un des pavillons Baltard ! La Société des piscines de Paris a également installé une patinoire moderne.

Des cirques viendront aussi animer les Halles, comme celui de Jean Richard qui, avec ses dauphins, attirera les enfants de Paris et d'ailleurs. Claude Tillaux, qui tient un cours des Halles rue des Prouvaires, est chargé de nourrir les pensionnaires : « Ils avaient besoin de légumes et de fruits pour les bêtes et il fallait faire attention car elles avaient leurs habitudes. Les chevaux par exemple mangeaient des goldens et pas d'autres pommes, le gorille qui attirait beaucoup de monde, avait aussi ses préférences ! »

Le monde de la mode, du design et de la brocante investit le quartier. Un salon des antiquaires s'y déroule ainsi qu'une exposition d'objets « design ». Autour des pavillons, des galeries d'art, des boutiques de mode et des magasins d'antiquités s'installent à peu de frais dans les boutiques et les resserres désertées.

En 1969, Patrick Boudon, artiste-peintre, doit quitter la Cité des Arts : « Je cherchais un atelier à louer et j'ai trouvé un local au 22, rue des Halles. Le loyer était dérisoire et le bail précaire car l'immeuble était inscrit dans un plan de démolition. Je disposais d'un rez-de-chaussée et d'un sous-sol qui abritait une ancienne mûrisserie de bananes, j'y organisais des expositions. »

Rapidement, Patrick Boudon s'associe avec Xavier Platel, antiquaire, qui loue le magasin contigu du 33, rue de la Ferronnerie et se spécialise dans les objets Art déco. Les nouveaux venus réussissent à merveille leur intégration dans le quartier : une prostituée décide de se reconvertir et devient vendeuse chez les deux associés : « Betty avait le look années cinquante, cheveux "laqués béton", tailleurs et talons aiguilles. Elle était devenue peu à peu la conseillère sexuelle de toutes les ménagères du quartier qui venaient lui faire leurs confidences au magasin. Une jeune femme était même venue lui demander des conseils pour débuter dans la prostitution ! »

Les belles caves voûtées des pavillons Baltard sont dignes de recevoir les antiquaires du Village suisse, le temps d'un salon. ***(© Keystone)***

SAUVEZ LES HALLES !

Certains Parisiens découvrent les pavillons Baltard, d'autres les considèrent sous un œil nouveau. Tous en tombent amoureux et se lancent bientôt dans une bataille acharnée pour s'opposer à la démolition de ces « joyaux de l'architecture industrielle ».

Les pétitions circulent, la polémique dépasse même les frontières de la France. Une manifestation a lieu devant l'ambassade de France à New York et des messages de protestation affluent du monde entier. Le célèbre architecte Mies Van der Rohe est un des plus ardents défenseurs de l'architecture de Baltard. Un homme d'affaires américain se propose de racheter les pavillons pour trente millions de francs et s'engage à les reconstruire ailleurs. Refus du préfet.

Au début de l'été de 1971, des veillées se tiennent sous les pavillons et une manifestation est organisée. Margot Capelier s'y rend avec des camarades du spectacle et y scande avec plusieurs milliers de personnes : « Aux Halles, du social ! De la culture aux Halles ! »

Des manifestants comme Mehdi El Hadj se font enchaîner aux grilles des pavillons. Peine perdue, plus rien ne peut arrêter la machine : en août 1971, les bulldozers commencent leur travail alors que la capitale baigne dans une léthargie estivale. Seule concession du président Georges Pompidou : le pavillon n° 8 sera épargné et remonté à Nogent-sur-Marne.

"Aux Halles, du social ! De la culture aux Halles !" ***(© Universal Photo)***

1971. Scène de vandalisme ordinaire…
(© Jean-Claude Gautrand)

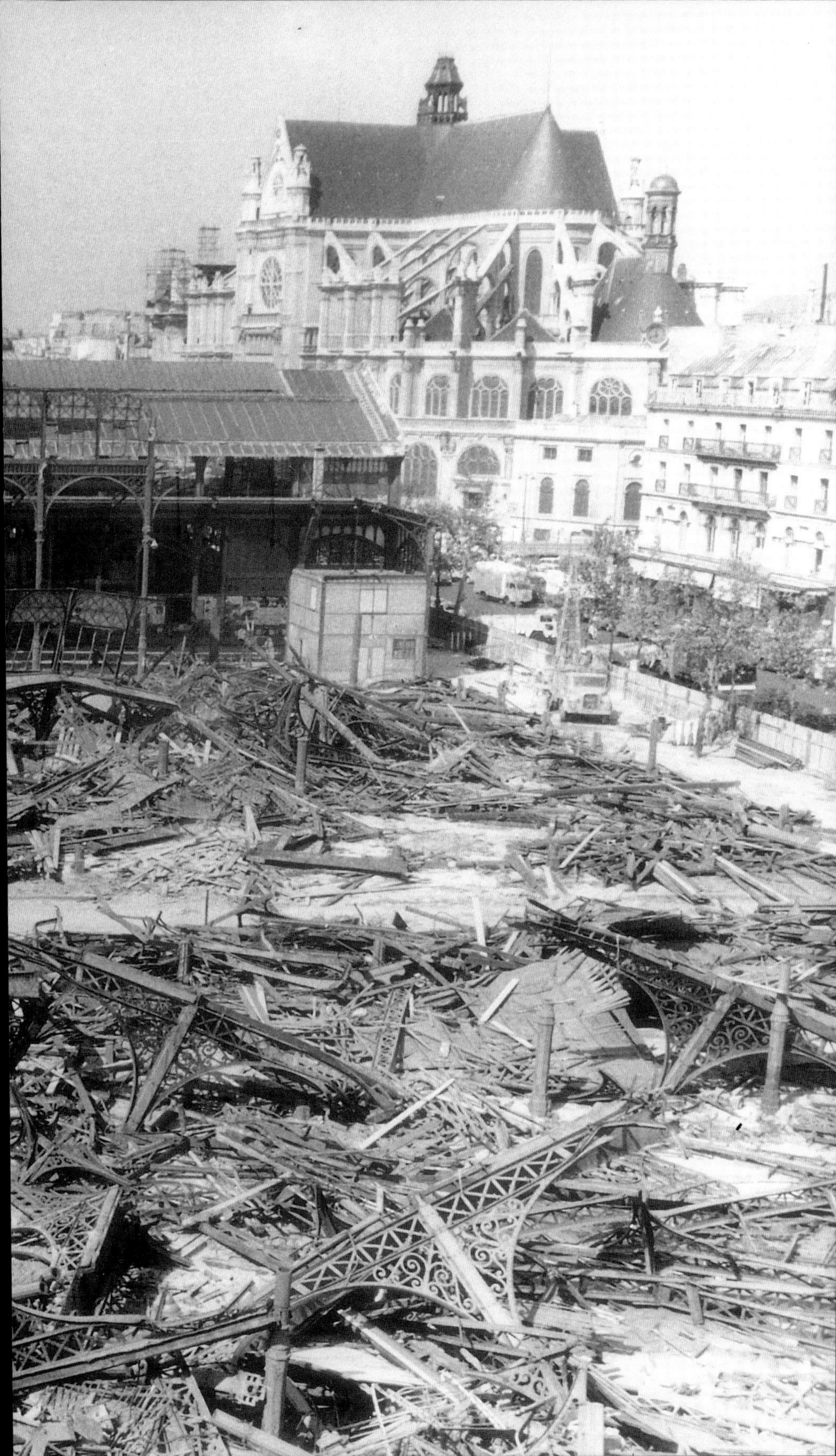

Seul à avoir bénéficié
de la grâce présidentielle,
le pavillon n° 8 sera
reconstruit à Nogent-sur-
Marne. Au fond,
les pavillons de la viande
sont en sursis…
(© Keystone)

Sous le carreau… le trou des Halles. ***(© Keystone)***

Foire à Nogent : boulons, colonnes, rosaces en fonte… qui veut un souvenir des Halles de Baltard ? ***(© Keystone)***

LE TROU

« Quand ils ont commencé à détruire les pavillons, on est allés à l'hôtel à cause du bruit. Ils commençaient à six heures du matin, alors c'était dur pour nous qui nous couchions très tard. Au cours des travaux de creusement, ils ont dû faire des injections de ciment car tout avait bougé : on ne pouvait plus rentrer chez soi, les clés ne rentraient plus dans les portes ! » Claude Cornut, qui habite rue Berger, est aux premières loges : « J'habitais au cinquième étage et comme le trou faisait vingt-huit mètres de profondeur, ça faisait un drôle de vide sous mes fenêtres ! »

Dans l'imbroglio des projets, quelques certitudes se dégagent peu à peu : à l'ouest un R.E.R., à l'est un Centre national d'art contemporain. Les immeubles vétustes qui occupent l'emplacement actuel du Centre Beaubourg sont rasés et un millier de foyers sont relogés par la SEMAH. Les pavillons laissent la place à un énorme trou qui rend perplexes les riverains.

Le trou devient un but de promenade pour les Parisiens, grands et petits, qui viennent constater l'ampleur du vide. Michèle Bastid s'y rend avec son fils âgé de quatre ans qui semble percevoir l'incongruité de la situation : « Dis maman, les gens, ils savent pas ce que c'est qu'un trou ? » Le public n'est pas à court d'idées pour le remplir et même l'utiliser tel quel. Les enfants du quartier s'en donnent à cœur joie, sous le regard attendri de Françoise Cornut : « C'était pour eux un terrain de jeu épatant. Une année où il a fait très froid, certains ont voulu faire du patin à glace dans le fond du trou et les pompiers ont dû intervenir pour les sortir de là. »

Quelques mordus de l'hameçon débarquent avec leurs cannes à pêche, tandis que Fernand Devineau laisse libre cours à son tempérament facétieux : « Le dimanche, j'allais pêcher à la campagne avec le marchand de fromages et le lundi, on balançait les poissons dans la mare du trou des Halles ! »

Peu sensible à l'aspect ludique du trou, certains le rendent responsable de bien des maux. L'été de 1973 est particulièrement torride et lorsque les moustiques envahissent le quartier, l'eau stagnant au fond du trou est accusée. Le trou provoque également une recrudescence d'activité chez les rats : une légende a couru aux Halles, selon laquelle les rats auraient devancé le déménagement de Rungis. Malgré une grande campagne de dératisation organisée au moment du déménagement, les trois cent cinquante mille rats n'ont pas disparu aussi vite. Odile Lavenarde travaille chez Volland, marchand de fromages de la rue Montorgueil : « Dès que les pavillons ont été démolis, les rats ont débarqué dans le magasin et il a fallu que l'on construise des chambres cimentées bien fermées alors qu'avant, on était tranquilles, ils étaient au pavillon de la viande ! »

Ça mord ? sans doute quelques truites ou quelques brochets échappés de l'ancien pavillon aux poissons ! ***(© Marc Gantier)***

En 1973, Jojo et Michèle Bastid s'installent dans le café qu'ils viennent d'acheter rue Saint-Honoré. Très vite, leur attention est attirée par des craquements bizarres venant du plancher. Sans doute quelque fantôme qui n'a pas voulu aller à Rungis ? Après avoir entrepris des travaux de rénovation, ils découvrent la source de ce remue-ménage : des rats vaquent à leurs occupations sous le comptoir.

L'importance du trou permet de découvrir des trésors archéologiques. Edmond Cavaroc se souvient d'un coup de téléphone d'Albert Védrine, alors commissaire aux Halles : « Il avait fait venir les Beaux-Arts le matin même car ils avaient trouvé un sarcophage mérovingien. Huit jours plus tard des centaines de squelettes apparaissaient, c'étaient ceux du cimetière des Innocents. Après ça, dans tous les bistrots du coin, on s'amusait à boire du champagne dans les calottes de crânes ! »

C'est à la même époque qu'à la faveur du déménagement d'un commerçant, Mafalda Sudessi et son mari mettent au jour la magnifique crypte Sainte-Agnès, qui se trouve sous Saint-Eustache.

CINECITT'HALLES

« Un soir où je passais du côté des Halles, j'ai vu des maisons qui étaient en train de sauter et je me suis dit : "Voilà un bel endroit pour tourner un film d'Indiens !" » Il fallait le regard de Marco Ferreri pour que ce trou devienne un décor digne de Cinecitta.

Pour tourner *Touche pas à la femme blanche ou la vraie vie du général Custer*, Marco Ferreri réunit ses acteurs fétiches : Mastroianni tient le rôle de Custer, Piccoli est transformé en Buffalo Bill, Noiret en général Terry, Tognazzi en scout indien et Alain Cuny en Sitting Bull. Autour d'eux, Catherine Deneuve, Darry Cowl, Serge Reggiani et Monique Chaumette, mais aussi la femme de Mastroianni, le père de Michel Piccoli, la femme et l'enfant de Tognazzi…

Chez Clovis est devenu la cantine de l'équipe et Françoise Cornut suit le tournage de près : « Les Indiens étaient interprétés par des Chinois qui débarquaient tous les matins et qui se maquillaient sur le trottoir. Ma fille et les enfants du quartier étaient fascinés par les chevaux qui évoluaient dans le trou. Le tournage a duré presque deux mois sous une chaleur torride et au cours du film on peut voir tomber la grande cheminée qui était au milieu des pavillons et qui servait à brûler les ordures et les cageots. Marco Ferreri avait fait venir un spécialiste des États-Unis car évidemment, il ne pouvait tourner qu'une fois ! Il fallait qu'elle tombe à un moment précis, d'un certain côté… c'est une scène particulièrement spectaculaire. »

L'ambiance délirante du quartier a sans doute déteint sur le tournage. Les comédiens évoluent avec une jubilation constante et le film est sans doute le western le plus fou et le plus anti-impérialiste de l'histoire du cinéma. La vie du général Custer revue par Marco Ferreri est particulièrement réjouissante car elle n'aboutit pas aux mêmes conclusions que les manuels d'Histoire. Ici, au terme de la bataille, l'armée américaine est vaincue et les Indiens s'apprêtent à occuper tout le territoire. Dans le contexte des Halles, on ne peut s'empêcher de faire l'analogie entre l'histoire de la conquête de l'Ouest et la conquête du Paris de 1973 par les détenteurs du pouvoir économique, toujours à la recherche du profit.

1973 : *Touche pas à la femme blanche.* Les cow-boys et les Indiens de Marco Ferreri investissent "Cinecitt'Halles" pour tourner le western le plus fou de l'histoire du cinéma. *(D.R)*

UN NOUVEL ÉLAN

Dans le secteur de la rue Saint-Honoré, les restaurants survivent grâce au personnel des bureaux, des magasins et des agences de publicité nouvellement installées dans le quartier. Le mercredi, les restaurants du quartier font le plein grâce à la Bourse du Commerce qui voit se réunir des hommes d'affaires de province, venus fixer le prix des céréales, des pommes de terre, du sucre ou du cacao.

Le soir, l'ambiance est plus proche de la veillée funèbre que des noces et banquets, surtout dans les premiers temps, comme l'explique Françoise Cornut : « Du jour où l'on nous a mis de grandes palissades, plus personne ne passait dans nos rues. Le soir, il n'y avait plus que trois lumières dans le coin : *Clovis, La Clé de Sol, La Tour de Montlhéry...* » Ce dernier établissement est ouvert vingt-quatre heures sur vingt-quatre et retrouve rapidement une nouvelle animation, grâce à Raymond Moretti qui, après avoir participé à un happening sous les pavillons, a découvert l'établissement et s'est pris de sympathie pour le lieu et pour ses propriétaires Denise et Jack Paul. Edmond Cavaroc est un des habitués du lieu : « J'y ai croisé Maurice Schumann, alors ministre des Affaires étrangères et qui venait de déjeuner avec Moretti. Giscard d'Estaing lui-même s'est pointé un jour avec son fils vers vingt heures, au moment où passait une allocution télévisée qu'il avait enregistrée. »

Dans le secteur des rues Saint-Denis et des Lombards, l'ambiance est un peu différente. C'est l'époque où s'ouvrent des établissements américains comme *Conways* et *Front Page*.

Au 47, rue Saint-Honoré, la *Librairie Parallèle* s'installe dans les locaux d'un ancien magasin de légumes et témoigne par son projet original des préoccupations de l'époque : énergies nouvelles, constructions en bois, médecines parallèles, écologie… Dans cet esprit, la *Librairie Parallèle* éditera même le fameux *Catalogue des ressources*. Animée par une bande d'universitaires, elle fonctionne en autogestion sur le principe des salaires égalitaires.

Les magasins d'antiquités et de brocante continuent à faire florès ainsi que les galeries d'art. On peut ainsi voir une exposition Tamara de Lempicka, dont les tableaux sont vendus à l'époque quelques milliers de francs ! Des antiquaires renommés s'installent dans le quartier. Patrick Boudon et Xavier Platel reprennent *La Maison Rouge*, un ancien café situé à l'angle des rues de la Ferronnerie et de la Lingerie. Ils en font, sur trois niveaux, un lieu original comprenant un théâtre

Jack Paul, de *La Tour de Montlhéry*. Avec Denise, c'est une des personnalités qui aidera le quartier à renaître de ses cendres. *(© Patrick Bard/Empreinte des Halles)*

Xavier Platel et Patrick Boudon à la terrasse de la Maison Rouge, ancien bistrot qui devient, sous leur égide, le lieu de toutes les expériences artistiques.
(Coll. part.)

expérimental, un cabaret et un bar, « comme un château perdu sur le trou des Halles ».

Quelque temps plus tard, ils se lancent dans un projet encore plus grandiose : dans un immeuble de la rue Saint-Denis, ils installent sur mille quatre cents mètres carrés, répartis sur quatre niveaux, un grand bazar surréaliste » : c'est le *GAMP*, Galeries-Ateliers modernes de Paris, gigantesque foyer d'idées où se côtoient et travaillent musiciens, gens de théâtre, stylistes ou amateurs d'art. Patrick Boudon et Xavier Platel proposent à une clientèle composite des tableaux de prix aussi bien que des objets originaux et bon marché : « Les gens qui venaient aux Halles dans les années soixante-dix sentaient que quelque chose était en train de se créer et ils avaient les moyens. Il s'agissait entre autres du gratin de Saint-Germain-des-Prés. Parmi les célébrités, on pouvait croiser Aragon, Edmonde Charles-Roux et Gaston Deferre. »

Dans la rue Saint-Honoré, Jean-Pierre Coffe anime *La Ciboulette*, restaurant où il reçoit au champagne et où l'on peut croiser Lauren Bacall ou Michèle Morgan.

« Le public, mondain ou non, voulait se frotter à la marge et recherchait ce qui restait d'authentique dans le quartier. » Patrick Boudon et Xavier Platel se souviennent de ce jeune cadre qui voulait louer un bureau dans le quartier : « On lui a conseillé de s'adresser à Blandine, à la fois concierge et prostituée, qui lui a fait visiter un local dans sa tenue de travail, c'est-à-dire nue sous son ciré ! Le lieu semblait lui convenir et lorsqu'il a émis le désir de trouver une femme de ménage, Blandine lui a tout de suite recommandé Tramontane. Tramontane était un honnête père de famille, qui faisait office de femme de ménage, vêtu d'une robe achetée aux Galeries-Ateliers modernes de Paris. Travesti par vocation, il était surtout au service de ces dames mais consentait à faire des ménages chez ce petit nouveau. Celui-ci, sans doute bouleversé par tant d'authenticité prit ses jambes à son cou et disparut du quartier définitivement ! »

Patrick Boudon et Xavier Platel : "Le GAMP était un grand carrefour artistique où musiciens, comédiens, stylistes ou amateurs d'art se rencontraient pour travailler et faire la fête." ***(Coll. part.)***

ÉPILOGUE

Projet de G. Moore : un flipper géant, où la Bourse du Commerce ferait office de bumper. *(© Institut français d'architecture)*

Parmi les centaines de projets et de contre-projets proposés dans les années soixante-dix pour rhabiller les Halles, le public a l'embarras du choix. Pour couronner la décennie délirante qui s'achève alors, on se prend à rêver au quartier des Halles transformé en port de plaisance par Claude Boissier ou bien encore déguisé en flipper géant, dans lequel la Bourse du Commerce fait office de bumper, comme l'imagine Grover Moore.

Certes, le Forum des Halles qui est inauguré en 1979 est plus conforme à l'architecture d'accompagnement que souhaite le consensus ambiant à la fin des années soixante-dix. Le centre de Paris renoue avec sa vocation première, celle du commerce, mais la fringue a remplacé l'alimentation. En se promenant dans le périmètre immédiat du Forum, on peut cependant se replonger dans l'ambiance des anciennes Halles. Pour ce faire, il faudra se lever tôt pour aller surprendre les bouchers de la *Grande Boucherie Première* débarquant *Chez Denise* sur le coup de sept heures du matin, pour se restaurer d'une belle entrecôte ou d'un haricot de mouton, et aller trinquer joyeusement avec eux chez *Jojo Express Bar*, vers midi, pour arroser la fin de leur labeur commencé à une heure du matin.

Cet esprit de convivialité qui souffle toujours sur le quartier, une bande de trois amis ont voulu l'entretenir et le faire partager aux autres habitants : Christian Bailly, créateur du *Musée de la Presse* rue de l'Arbre-Sec, Christian Dubois propriétaire de la *Grande Boucherie Première* et du *Louchebem* et Jack Paul, patron de *La Tour de Montlhéry,* décident ainsi, en 1988, de créer l'association *Le Carré des Halles* qui regroupe les habitants d'un carré délimité par les rues du Louvre et des Prouvaires et englobant les rues Berger et Saint-Honoré. Ils seront rejoints par d'autres commerçants, comme la pharmacienne Brigitte Baetz qui, après avoir fait quelques pansements aux bouchers maladroits, se consacre à l'organisation des fêtes du quartier : « En conviant des gens à des fêtes, on était à peu près sûrs que le lendemain ils se diraient bonjour dans la rue ! »

Un effort est également fait par les commerçants pour maintenir dans le quartier des commerces de bouche et faire en sorte que les magasins de vêtements n'envahissent pas totalement le secteur.

Du côté de Saint-Eustache, c'est aussi l'objectif que se donne Françoise Thomas qui crée, dès 1986, l'association *Vivre dans le quartier des Halles*. Devant le succès de ces entreprises, une Commune libre des Halles prend naissance en 1992 et regroupe toutes ces associations de quartier. Plusieurs fois par an, on peut ainsi voir un joyeux cortège déambuler dans les rues des Halles. Conduits par leur maire, leur garde-champêtre et leur fanfare de Forts des Halles, ce sont les habitants du quartier, qui proclament haut et fort que l'esprit des Halles n'est pas mort.

Automne 1997.
Dans les jardins
des Halles, les arbres
ont poussé et le raisin
a mûri.
(© Michel Brosset)

Renouer avec la
convivialité qui régnait
dans le quartier :
la fanfare de la Commune
libre des Halles défile
dans les rues.
(Coll. part.)

Page de gauche en bas :
1998. A sept heures
du matin, les bouchers
ont encore un bon coup
de fourchette.
*(© Patrick Bard/
Empreinte des Halles)*

1998. Dans les jardins
des Halles, comme un air
de nostalgie…
(© Michel Brosset)

10 ans

GLOSSAIRE (A L'USAGE DU TOURISTE...)

Approvisionneur : Vend sur la voie publique de la marchandise dont il s'est rendu propriétaire.

Basculeur : Employé chargé de la pesée des marchandises.

B.O.F. : Beurre-œuf-fromage. Désigne les mandataires en B.O.F.

Carreau : Partie prise sur les trottoirs ou la chaussée, occupée par les marchands forains et dévolue principalement à la vente des fruits et légumes.

CNAC : Centre national d'art contemporain.

Commissionnaire : Vend à la commission dans les magasins des Halles.

Commissionnaire-négociant : Peut faire le négoce ou vendre à la commission.

Diable : Chariot à deux roues utilisé par les porteurs.

Gobet : Utilisé dans le secteur de la boucherie pour désigner la ration de viande hebdomadaire consentie aux employés de ce commerce.

Lazor : Utilisé dans le secteur des fruits et légumes pour désigner un avantage en nature prélevé sur la marchandise et consenti aux employés de ce commerce.

Louchebem : Boucher.

Mandataire : Vend de la marchandise pour le compte d'expéditeurs qui lui versent une commission.

Mirer les œufs : Contrôler à la lueur d'une flamme l'état de fraîcheur des œufs. Les mireurs exerçaient leur travail sous les pavillons des B.O.F. et dans certains magasins du « périmètre ».

Périmètre : Zone commerçante située sur le pourtour des Halles et qui se divise en deux parties :
– *le petit périmètre,* délimité par le boulevard de Sébastopol, les rues de Rivoli, du Louvre et Étienne-Marcel.
– *le grand périmètre,* délimité par la place de l'Hôtel-de-Ville, les quais de Gesvres, de la Mégisserie et du Louvre, la place du Louvre, les rues de Rivoli, Richelieu, du Quatre-Septembre, Réaumur et du Temple.

Périmètre protégé : Après le départ des Halles, vaste zone englobant Paris et une partie de la banlieue, à l'intérieur de laquelle tout commerce de gros susceptible de concurrencer le marché de Rungis ne peut s'installer.

SEMAH : Société d'économie mixte d'aménagement des Halles.

Tasseur : Employé chargé de mettre la marchandise en tas.

BIBLIOGRAPHIE

Le Ventre de Paris, Émile Zola, 1873, Folio Classique.

Choses et gens des Halles, Charles Fegdal, Athéna, 1922.

Paris insolite, Jean-Paul Clébert, Gallimard, 1972, Folio n° 285.

“Entretien Marco Ferreri/Ornella Volta”, *Positif,* février 1974.

Les Halles, la fin de la fête, René Fallet et Martin Monestier, Duculot, 1977.

Le Transfert des Halles, Jean-Claude Goudeau,
Jean-Claude Lattès, 1977.

Marco Ferreri, Michel Maheo, Édilig, 1986.

Le Parfum, Patrick Süskind, Fayard, 1986.

Le Cœur de Paris, Marie-Lise Sabrié, Albin Michel, 1991.

Des Halles au Balajo, Robert Lageat et Claude Dubois,
Les Éditions de Paris, 1993.

Les Ventres de Paris, Guy Chemla, Glénat, 1994.

Mémoire des Halles, Christian Zarka, Pierre Bordas et Fils, 1994.

Apaches, voyous et gonzes poilus, Claude Dubois, Parigramme, 1996.

Les Halles, promenade dans Paris, Françoise Besse, Paris-Musées, 1997.

La Vie parisienne sous l’Occupation, Hervé Le Boterf, France Empire, 1997.

FILMOGRAPHIE

La Nuit fantastique
de Marcel L'Herbier avec Micheline Presle, 1941.

Voici le temps des assassins
de Julien Duvivier avec Jean Gabin et Danièle Delorme, 1955.

Paris vu par... 3, rue Saint-Denis
de Jean-Daniel Pollet avec Claude Melki et Micheline Dax, 1965.

Touche pas à la femme blanche ou la vraie vie du général Custer
de Marco Ferreri, 1974.

Rosa la rose fille publique
de Paul Vecchiali, 1985.

Une soixantaine de films-documentaires sur les Halles
sont également visibles à la Vidéothèque de Paris.

Vidéothèque de Paris
Nouveau Forum des Halles
2, Grande Galerie - 75001 Paris
Tél. 01 44 76 62 00
M° Les Halles / RER : Châtelet-Les Halles

REMERCIEMENTS

L'auteur remercie chaleureusement les témoins de ce livre :

Charlotte Alousque, Brigitte Baetz, Docteur Jean Barra, Michèle et Jojo Bastid, Renée et Manuel Beltran, Dominique Béranger, Patrick Boudon, Josiane Boughrab, René Brun, Margot Capelier, Edmond Cavaroc, Olivia Cherki, Raymonde et Jean Chèze, Gérard Connan, Françoise et Claude Cornut, Henri Cotterlaz-Rennaz, Jean Dehillerin, Fernand Devineau, Christian Dubois, Claude Dubois, Mehdi et Nathalie El Hadj, Lucienne Fabre, Yves-Marc Gilbert, Marcelle et René Grandjean, Michel Hébert, Michel Huillo, Louise et Ernest Isoard, Marcelle Laluque, Madeleine Large, Odile Lavenarde, Émile Lebas, Raymond Lebeaupin, Yvon Le Roux, André Lhomme, Paul Loisel, Claude Malheu, Annie et Pierre Manuelli, Élise Masio, Robert Maurice, Marcelle Messe, Mimi, Henriette et Marcel Normand, Denise et Jack Paul, Jean Picault, Jacques Pierre, Xavier Platel, Hélène Rémy, Mafalda Sudessi, Paul Tary, Nicolas Tavantzis, Claude Tillaux, père Joseph de Tinguy, la Librairie parallèle, le personnel de la maison Dehillerin et celui de la Grande Boucherie Première.

Merci également à :

Dorina et Alain Bourdon-Noury, Michel Brosset, Geneviève Duménil, Fred, Philippe Garbit, Arthur Gerbault, Emmanuel Laurentin, Nathalie Nerval, Jacqueline Robert, Jean-Pierre Schneider.

Conception graphique : Isabelle Chemin

Recherche iconographique : Fabienne Vaslet

ISBN : 2-84096-092-3
Dépôt légal : septembre 1998
Photogravure et flashage Leyre, à Paris.

Achevé d'imprimer en août 1998
sur les presses de l'imprimerie Mame, à Tours.